# Mord ist kein Arbeitsunfall!

Simon R☺SS

# Mord ist kein Arbeitsunfall!

Kuriose und wissenswerte
Urteile, Gesetze und Klagen
aus aller Welt.

1. Auflage

*Bibliografische Information der Deutschen Nationalbibliothek:
Die Deutsche Nationalbibliothek verzeichnet diese Publikation
in der Deutschen Nationalbibliografie; detaillierte bibliografische Daten sind im Internet über http://dnb.d-nb.de abrufbar.*

Die Zusammenstellung der Urteile und Gesetze wurde mit
größter Sorgfalt vorgegangen. Dennoch können Fehler nicht
ausgeschlossen werden. Verlag und Autor können für fehler-
hafte Angaben und deren Folgen weder eine juristische Verantwortung noch irgendeine Haftung übernehmen.

Herstellung & Verlag:
BoD™ – Books on Demand, Norderstedt
Printed in Germany

ISBN: 978-3-7322-9775-7

# Inhalt

## Kurioses aus dem Rest der Welt ...... 131

## EU – RICHTLINIEN ........................ 139

# Vorwort

Babys fangen an zu denken, lange bevor sie anfangen zu reden. Diese Verhaltensweise behalten nur wenige Menschen bis in das hohe Alter bei. Bei Juristen scheint sich diese Verhaltensweise sogar wieder völlig umzukehren. Hier scheint sich immer mehr das »nicht denken« durchzusetzen.

Was dachte sich der Gesetzgeber, als er Blinden das Parken im Halteverbot ermöglichte?

Was ging in den Köpfen vor, als sie einem Gesetz den Namen »Rindfleischettiketierungsüberwachungsaufgabenübertragungsgesetz« gaben?

Warum darf der Jäger Wild in seinem natürlichen Lebensraum erlegen, aber der Waldbesucher darf es nicht ungestraft fotografieren?

Ob Gesetzgeber, Richter, Staatsanwälte oder Verteidiger, auf allen Ebenen gibt es Fälle, die mit dem normalen Menschenverstand nicht mehr nachvollziehbar sind.

Fast 500 solcher Regelungen, Urteile und Klagen habe ich Ihnen in diesem Buch zusammengetragen. Natürlich möchte ich Sie nicht mit seitenlangen Klageschriften und Urteilen beschäftigen. In vielen Fällen reicht es völlig aus, die Quintessenz der Entscheidung in wenigen Sätzen zusammen zu fassen.

Insbesondere bei den Klagen ist die Zusammenfassung in wenigen Sätzen nur schwer möglich gewesen. Daher habe ich Ihnen zu den Klagen einen Kurzsachverhalt gleich mitgeliefert.

Urteile und »Gesetze« aus dem Land der unbegrenzten Möglichkeiten führen immer wieder zu heftigen Diskussionen. Einige US-Bürger fühlen sich peinlich berührt, wenn derartige Urteile öffentlich diskutiert werden. Oftmals wird argumentiert, dass diese Urteile Jahrzehnte oder gar Jahrhunderte alt und nicht mehr zeitgemäß seien. Aus diesem Grund fänden diese Urteile und gesetzlichen Regelungen heute auch keine Anwendung mehr. Dass nicht alle Richter dies so sehen, zeigt die Verurteilung zweier junger Menschen im Jahr 2005, die auf Grundlage einer fast 200 Jahre alten gesetzlichen Regelung hinter Gitter mussten, weil sie intim miteinander wurden, ohne verheiratet zu sein.

Handelt es sich hierbei um Literatur? In gewisser Weise handelt es sich bei jedem einzelnen Sachverhalt um eine Art „Flash Fiction". Die kürzeste Form der Kurzgeschichten. Durch Reduktion auf die Kernaussagen, steht es Ihnen frei, sich Ihr eigenen Bilder zu den dazugehörigen Sachverhalten machen.

Dieses Buch soll Sie zwischendurch und immer mal wieder unterhalten und amüsieren. Ich hoffe es gelingt mir.

Simon Ross

# Kurioses
# aus Deutschland

# Urteile zum Schmunzeln

## „Herstellungsprozess von Popcorn ..."

Der Rechteinhaber des Markennamens „Corn Pops" verklagt einen anderen Hersteller, weil dieser durch Verwendung des Markennamens „Rice Pops" mutmaßlich vom Bekanntheitsgrad des Rechteinhabers profitieren wollte. Darüber hinaus stellt nach Ansicht des Rechteinhabers der Bestandteil „Pops" ein Beschreibendes Element der Marke dar, da es sich hierbei um eine Ableitung des Wortes „poppen" handelt, welches den Herstellungsprozess von Popcorn bezeichnet.

Diese Information war wohl auch dem Gericht neu. Im Urteil heißt es dazu:

"... Es ist nicht allgemein bekannt, dass die Herstellung von Popcorn als "poppen" bezeichnet wird. Das Gericht kennt den Begriff des "Poppens" aus einem anderen Zusammenhang. Der Begriff "poppen" dürfte den meisten Menschen ungefähr seit ihrer Pubertät bekannt sein, hier allerdings in einem völlig anderen Zusammenhang, den das Gericht an dieser Stelle nicht weiter vertiefen möchte. Insoweit würden diese Verkehrskreise unter dem Begriff des Poppens keineswegs die Herstellung von Popcorn verstehen. ..."

## „Fenstersturz eines Mitfahrers ..."

Zwei befreundete junge Männer fahren gemeinsam in einem Auto umher. Der 19-jährige Beifahrer lehnt sich während der Fahrt aus dem offenen Fenster und es geschieht, was niemand so recht glauben will. Der 19-Jähreige lehnt sich so weit heraus, dass er aus dem fahrenden Fahrzeug fällt und sich dabei folgenschwere Verletzungen zuzog.

Wenn der Fahrer nicht bereits zu diesem Zeitpunkt dachte, welch ein Idiot der Beifahrer sein muss, dann spätestens als ihm die Klage auf Zahlung von Schmerzensgeld ins Haus kam.

„Da komme ich locker raus. Schließlich sind wir ja nicht in Amerika!" dachte sich der Fahrer und zog bis vor das Oberlandesgericht nach Karlsruhe.

Das Gericht war der Auffassung:

„... Fahrzeuginsassen fallen in den Schutzbereich des Fahrers. [...] Sieht sich der Fahrer eines Pkw durch das Verhalten der Mitfahrer behindert oder bemerkt er, dass sich diese durch unvorschriftsmäßiges Verhalten selbst oder andere gefährden, muss er die Fahrt verweigern oder abbrechen."

Somit hat der Kläger einen Anspruch auf Schmerzensgeld.

## „Tempoüberschreitung bei Durchfall ..."

Eine Situation, die einige wohl schon erlebt haben dürften: Sie befinden sich, vom Durchfall geplagt, auf dem Heimweg und müssen ganz dringend auf die Toilette.

Hier treffen gleich zwei Ereignisse aufeinander wie sie schlimmer nicht sein können. Zum einen plagt Sie ein Bedürfnis, dass sich generell nur schwer kontrollieren lässt. Zum anderen ist die ersehnte Lösung, ein WC, immer viel zu weit entfernt. Zu allem Überfluss scheint die Dringlichkeit, das WC zu erreichen, mit zunehmender Annäherung exponentiell zu steigen.

Die naheliegende Lösung „Gas geben", wird ja wohl bei den Gesetzeshütern auf Verständnis stoßen, dachte sich der Betroffene. Das dies ein Irrglaube ist, erklärt Ihm das Oberlandesgericht Zweibrücken wie folgt:

„Auch wer unter Durchfall leidet, muss sich grundsätzlich an bestehende Geschwindigkeitsbeschränkungen halten. Zumindest muss der Betroffene aber, bevor er die erlaubte Höchstgeschwindigkeit überschreitet, prüfen, ob ein Halten am Seitenstreifen möglich ist, um seine Notdurft in der freien Natur zu verrichten."

Wie Sie diesem Urteil folgen wollen, wenn Sie sich mitten in der Stadt befinden, überlasse ich Ihrer Phantasie.

### „Madonna im Treppenhaus …"

Ein Mieter aus Münster kürzt die Miete. Das geschieht täglich und überall in Deutschland. Die Begründung des Klägers ist allerdings nicht alltäglich und erinnert sehr an den Kruzifix-Beschluss des Bundesverfassungsgerichtes von 1995.

Der Kläger gibt vor, dass eine Handlung seines Vermieters bei ihm einen besonderen Schock auslöste, unter dem er noch immer leide und weshalb er sich nun auch in ärztlicher Behandlung befindet.

Was löste diesen Schock aus? Nun, der Vermieter hatte im Treppenhaus eine Madonna-Figur aufgestellt um den kargen Hausflur etwas aufzuwerten.

Das Amtsgericht Münster entschied: „Eine Figur führe zu keinem "besonderen Schock". Eine derartige „religiöse Überempfindlichkeit" gäbe kein Recht zur Mietminderung.

### „Nach Hause telefonieren …"

Auch dies ist nicht wenigen Menschen fremd. Sie befinden sich auf der Arbeit und Ihnen fällt etwas Wichtiges ein. Ihre bessere Hälfte muss dies sofort erfahren. Sie nehmen das Telefon in die Hand, was Ihr Arbeitgeber sogar in Maßen duldet, und telefonieren nach Hause.

Eine kleine Unachtsamkeit und Sie stürzen während des Telefonierens. Das Ergebnis war im Vorliegenden Fall ein Kreuzbandriss.

Der 45-Jährige Darmstädter wollte sich die Behandlungskosten als Arbeitsunfall anerkennen lassen aber dies sah das hessische Landessozialgericht etwas anders.

„Wer während der Arbeitszeit privat telefoniert, verliert seinen Versicherungsschutz, urteilten die Darmstädter Richter (Az. L3 U 33/11).“

In diesem Zusammenhang ist auch eine weitere Entscheidung nicht ganz uninteressant. Wer während der Arbeitszeit einem dringenden Bedürfnis nachgeht, ist für den Zeitraum, den er in der Toilettenkabine verbringt, nicht über seinen Arbeitgeber versichert. Merke: Auch „von der Toilette fallen“ ist kein Arbeitsunfall.

### „Mord ist kein Arbeitsunfall ...“

Der gemeinsame Sohn der Eheleute hatte den Vater (59) auf der Rückfahrt vom Steuerberater mit Benzin übergossen und angezündet.

Nicht nur den Ehemann, sonder auch den Anspruch auf die Hinterbliebenenrente hatte die Witwe hierdurch verloren. Die Hinterbliebenenrente wäre im Falle eines natürlichen Todes sowie bei einem »Arbeitsunfall« gezahlt worden. Hier setzt die Verteidigung der Witwe an und erklärte, dass der Weg zum Steuerberater zu den beruflichen Tätigkeiten zähle und es sich daher offensichtlich um einen Arbeitsunfall handelte.

Das Landessozialgericht in Stuttgart wies die Klage der Witwe zurück. »Mord sei kein Arbeitsunfall«, entschieden die Richter und verweigerten der Witwe die begehrte Hinterbliebenenrente (Az.: L 2 U 5633/10).

### „Bis zum letzten Tropfen ..."

Wenn es auf Deutschlands Straßen kracht, haben Versicherer in den seltensten Fällen die Spendierhosen an. Nach einem Unfall, bei dem sein Auto einen Totalschaden hatte, wollte ein Mann so viel wie möglich aus der Versicherung des Unfallgegners herausholen und zog vor Gericht. Er wollte u.a. die Tankfüllung im Wert von 77 € ersetzt bekommen.

Mit Erfolg. Nach Ansicht der Richter des Amtsgerichts Solingen muss die gegnerische Versicherung bei einem Totalschaden dem Geschädigten auch den Gegenwert des Tankinhalts ersetzen (Az. 12 C 638/12). Es ist dem Geschädigten nicht zuzumuten, Maßnahmen zu treffen um den Tankinhalt des Unfallwagens für sich zu sichern.

### „Smiley ..."

Dass er ein Arbeitszeugnis mit einem Smiley unterzeichnet hatte, sorgte dafür, dass der Chef eines Betriebs in Norddeutschland sich so gar nicht freuen konnte.

Ein Mitarbeiter zerrte ihn vor das Kieler Arbeitsgericht. Der Chef hatte die Angewohnheit, den Anfangsbuchstaben seiner Unterschrift in ein lächelndes Smiley zu verwandeln. Im Arbeitszeugnis, des aus seiner Sicht wohl nicht besonders fähigen Mitarbeiters, variierte er jedoch das Gesicht, indem er diesem die Mundwinkel nach unten zog.

Der Mitarbeiter klagte und bekam recht. Die Arbeitsrichter verlangten vom Chef, das Zeugnis so zu unterzeichnen, wie er es immer zu tun pflege, also mit grinsendem Smiley (Az.: 5 Ca. 80 b/13).

## „Meteorologisches Regionalprinzip ...“

Ein Auto wird im Winter von einer Dachlawine beschädigt, für den Schaden kommt der Besitzer des Hauses auf, von dem die Dachlawine abgegangen ist.

Ganz so einfach ist das dann doch nicht, erklärten die Richter des Oberlandesgerichts Düsseldorf. Sie unterschieden in ihrem Urteil (Az. I-10 U 18/13) zwischen den schneereichen und den schneearmen Regionen.

Wer sein Auto in einer schneearmen Region wie etwa dem Rheinland im Freien parkt, muss selber darauf achten, dass sein Fahrzeug von keiner Dachlawine verschüttet werden kann, denn im Ernstfall bleibt er auf dem Schaden sitzen.

Selbst bei extremen Wetterlagen müssen dort keine weiteren Sicherungsmaßnahmen ergriffen werden.

### „Navigieren = Telefonieren ..."

"Wer ein gutes Smartphone besitzt, braucht kein Navigationsgerät mehr" - Aber bei der Nutzung des Smartphone als Navigationsgerät im Auto ist Vorsicht geboten. Aus juristischer Sicht ist auch ein Smartphone ein Mobiltelefon und darf daher nicht während der Fahrt bedient werden.

Das Amtsgericht Essen urteilte entsprechend: Der Einspruch eines Autofahrers, er habe zwar sein Handy in der Hand gehalten, jedoch nicht um zu telefonieren, sondern um es in Position zu bringen und dann als Navigationsgerät zu nutzen, wurde abgewiesen (Az III-5 RBs 11/13). Es gelte nämlich: "Unter dem Begriff der Benutzung eines Mobiltelefons im Sinne der StVO ist auch die Nutzung als Navigationsgerät zu verstehen".

### „rechts vor links ..."

Auf dem Kundenparkplatz ereignete sich ein Unfall: Von links kommend, kollidierte ein Auto mit einem anderen. Ein klarer Fall, könnte man meinen, hier wurde die einschlägige Vorfahrtsregel "rechts vor links" nicht beachtet. Entsprechend forderte die Halterin des beschädigten Autos die entstandenen

Kosten von mehr als 2000 Euro von der anderen Fahrerin zurück.

Was sie nicht wusste: Die "rechts vor links"-Regel gilt nicht auf Parkplätzen. Auf einem Parkplatz ist nach §1 StVO das Gebot der gegenseitigen Rücksichtnahme maßgebend. Danach müssen alle Beteiligten so langsam fahren, dass sie jederzeit vollständig abbremsen können. Schuldig waren nach dem Urteil des Amtsgerichts München (343 C 28802/06) somit beide Beteiligten - die Schadenssumme wurde geteilt.

## „Charakterisierung der Persönlichkeit..."

Das Wort "Depp" wird vielfach als Synonym für "Blödmann" oder "Idiot" verwendet. Die Bezeichnung als "Depp" stellt eine derbe Charakterisierung der Persönlichkeit oder des Verhaltens eines Menschen dar, für die es einen Hintergrund geben mag. Einen Tatsachenkern hat der "Depp" aber jedenfalls nicht in dem Sinne, dass er einem gerichtlich verwertbaren Beweis zugänglich wäre. Gerade deshalb stellt eine derartige Beschimpfung auch keine, durch das Grundrecht der Meinungsfreiheit gedeckte oder gar gerechtfertigte Verletzung des Persönlichkeitsrechts des betroffenen Adressaten dar.

Erschwerend kommt im vorliegenden Fall hinzu, dass die Beleidigung nicht allein den Betroffenen zu

Ohren gekommen war. (LAG Sachsen, 19.12.2001, 2 Sa 957/00)

### „Ein desorientierter Pfosten..."

Die Klägerin hatte den Beklagten an das Steuer ihres Wagens gelassen. Im Verlaufe der Fahrt hatte dieser einen Blechschaden am Auto verursacht, über dessen Begleichung die Parteien streiten.

Aus dem Urteil: Nach der Überzeugung des Gerichts hat die Klägerin sich vom Beklagten überreden lassen, ihn einmal ans Steuer zu lassen, und der Beklagte hat die Gunst der Stunde dazu genutzt, einen desorientiert in der Gegend herumstehenden Pfosten zu rammen. Der Beklagte hat zwar mit messerscharfer Logik erklärt, er sei nicht so blöd, zu fahren, wenn er keine Fahrerlaubnis habe. Das ist aber kein Beweis für das Gegenteil. Denn diese Verteidigung ist dem erkennenden Gericht schon zu oft vorgekommen (vgl. dazu Heinz Erhardt, "wenn Sie mich für blöd halten, dann sind Sie bei mir an den Richtigen gekommen").

Deshalb gibt es auch keinen menschlich wie rechtlich einleuchtenden Grund, warum der Beklagte aus "Kulanz"-Gründen versprochen hat, "die Hälfte des Schadens" zu zahlen, wie der Zeuge D. glaubhaft bekundet hat, wenn er sich nicht einer gewissen Schuld am Zustandekommen des Unfalles bewusst war. Andererseits hat die Klägerin die Hälfte ihres Schadens selbst zu tragen. Zum einen haben sich die Parteien nach der Bekundung des Zeugen darauf geeinigt und zum anderen hat die Klägerin den Beklagten als Amateur ans Steuer gelassen. Ob sie dabei nach dem Grundsatz gehandelt hat: "Wem ich meinen Leib gönne, dem gönn' ich auch mein Gut" (vgl. dazu Karl Simrock, Die deutschen Sprichwörter, Frankfurt 1846, Nr. 6295) oder nach dem Prinzip: "Lass fahren, was nicht bleiben will" (Simrock, Nr. 2244), kann hier offen bleiben. Wer nämlich einen fahren lässt, der nicht fahren kann, muss körperlich wie rechtlich einem ungewissen Ausgang der Fahrt entgegensehen und gewisse Unbilden, wie einen im Wege stehenden Pfahl, in Kauf nehmen. Insoweit gilt: "Wer sich selbst schadet, mag sich selbst verklagen". Zur Schonung ihrer Güter wird die Klägerin daher künftig am besten fahren, wenn sie den Ratschlag beherzigt: "Bei dem Freunde halte still, der dich nur, nicht das Deine will" (Simrock, Nr. 2720). Das erscheint dem erkennenden Gericht sicherer, als das Prinzip: "Mitgeflogen, mitgehangen". (AG Köln, Urteil vom 20.07.1985, Az: 266 C 718/65)

## „Der Scheidungshund ...“

1. Gehört zum Hausrat ein Haustier, muss bei der gerichtlichen Zuweisungsentschiedung der Rechtsgedanke des § 90 a BGB berücksichtigt werden.

2. Es ist rechtlich zulässig, im Rahmen der Hausratsteilungsentscheidung dem Ehegatten, der den

Hund nicht erhalten hat, das Recht einzuräumen, mit dem Hund zu bestimmten Zeiten zusammen zu sein. (AG Bad Mergentheim, Beschluss vom 19.12.1996, Az: 1 F 143/95)

### „Der 1,8 Cent - Stromklau..."

Der Arbeitnehmer war mit einem Elektroroller zur Arbeit gefahren. Um genug Strom für die Heimfahrt zu haben, steckte er am Arbeitsplatz das Ladekabel seines Rollers in die Steckdose. Der Arbeitgeber sah das als Stromdiebstahl und kündigte dem Mitarbeiter wegen des entstandenen Schadens in Höhe von 1,8 Cent. Das Arbeitsgericht urteilte jedoch zu Gunsten des Arbeitnehmers.

### „Grenzen der Notwehr ..."

Koch Andreas W. (30) wurde an einer Bushaltestelle von Rohrleitungsbauer Robert L. (29) ohne Vorwarnung attackiert, der Fremde brach ihm die Nase. Andreas W. warf eine Flasche nach dem Angreifer. Doch die zerbrach. Und ein Splitter drang dem Rohrleitungsbauer ins linke Auge.

Urteil: Für die gebrochene Nase musste Robert L. 800 Euro zahlen.

Der Koch aber wurde zu sechs Monaten Haft auf Bewährung verurteilt. Hinzu kamen Schmerzensgeld, Arztkosten, usw.

**„Hasen-Phobie ...“**

Leidet Lehrerin Marion V. an einer Hasen- Phobie? Die Lehrerin für Erdkunde und Deutsch verließ plötzlich heulend den Unterricht. Angeblich, weil eine Schülerin einen Hasen an die Tafel gezeichnet hatte. Die Schülerin fand dies lustig. Marion V. hingegen hatte auf Unterlassung geklagt und die Schülerin vor Gericht gezerrt. Die Schülerin sollte keine Hasenzeichnungen mehr an die Tafel malen und außerdem nicht mehr behaupten, die Lehrerin habe beim Anblick von Hasen Angst. Die Klage wurde abgewiesen!

**„Sex - Email führt zu Dienstunfall ...“**

Das hat jetzt das Verwaltungsgericht Düsseldorf entschieden (Az.: 23 K 5235/07). In dem konkreten Fall hatte ein Polizist einem anderen Beamten eine E-Mail mit einem Dateianhang sexuellen Inhalts geschickt. Dies könne beim Empfänger eine psychische Erkrankung auslösen, entschied das Gericht. Da ein plötzliches, auf äußerer Einwirkung beruhendes, in zeitlicher und örtlicher Hinsicht bestimmbares Ereignis in Ausübung des Dienstes eingetreten sei, könne ein Dienstunfall vorliegen.

### „Affinität zur Nacktheit ...“

Ein Ehepaar fühlte sich im Urlaub auf Kuba durch die vielen barbusigen Miturlauberinnen am Strand gestört. Man hatte schließlich nicht FKK gebucht. Das Paar reiste genervt ab und zog vor Gericht. Das Urteil: 20 Prozent Reisepreisminderung. Aus den Reiseunterlagen hätte hervorgehen müssen, dass vor Ort „Reisende ihre Affinität zur Nacktheit frei ausleben können.“

### „San Jose und San Jose ...“

Ein Urlauber wollte im Internet einen Flug für sich und seine Familie buchen – und zwar nach San Jose in Kalifornien. Nun heißt die Hauptstadt Costa Ricas aber ebenfalls San Jose. Einmal falsch geklickt und die Familie landete in Süd- statt Nordamerika. Der Urlauber verlangte von der Airline das Geld für die Umbuchungskosten zurück. Vergeblich. Das Gericht entschied: Wer im Internet bucht, nutzt Vorteile, geht aber eben auch bestimmt Risiken ein. Klage abgewiesen.

### „Die Abiparty ..."

Zwei junge Mädels wollten es nach bestandener Abi - Prüfung krachen lassen und buchten eine Kreuzfahrt in Kroatien. Und zwar bei einem Reiseveranstalter ausschließlich für Jugendreisen.

Weil das Schiff überbucht war, wurde kurzzeitig umdisponiert. Die Mädchen wurden auf ein anderes Schiff umgebucht. Das böse Erwachen kam für die Mädchen zum Eröffnungsball am ersten Abend.

Die Mädchen stellten fest, dass es sich bei dem Ersatzdampfer um eine Seniorenkreuzfahrt handelte. »Schunkeln mit Senioren« statt »Party mit Jugendlichen«. Urteil: 80 Prozent des Reisepreises wurden zurück erstattet.

### „Stöhnen in Zimmerlautstärke ..."

Das Amtsgericht Münster entschied: „Ein Wohnungsmieter kann von seinem Nachbarn verlangen, dass dieser auch tagsüber lautes Stöhnen sowie „Yippie"-Rufe beim Sex auf Zimmerlautstärke hält."

Zur Begründung seines lustfeindlichen Urteils führte das Gericht aus: „Weil das Recht auf freie Entfaltung der Persönlichkeit seine Grenze in den Rechten anderer Mieter findet, ist ein grenzenloses Sexualleben nicht vom Grundgesetz gedeckt. Sofern ein Haus nur über unzulänglichen Schallschutz verfügen sollte, muss der Verursacher von Geräuschen ganz besondere Rücksicht nehmen"

Klare Grenzen für die Leidenschaft setzte auch das Amtsgericht Rendsburg. Der Geschlechtsverkehr könne nicht mehr zum „normalen Mietgebrauch" gerechnet werden, wenn das Paar dabei so laut ist, dass die Mitbewohner des Hauses nachts aufwachen (Az.: 18(11) C 766/94). Einem jungen Mieterpaar wurde gegen Androhung eines Ordnungsgeldes von rund 255.000 Euro verboten, nach 22 und vor 6 Uhr die Nachtruhe im Mietshaus zu stören, „insbesondere durch lautes Gestöhne, Geschreie und Gerede". Alternativ drohte das Gericht dem leidenschaftliche Pärchen mit Ordnungshaft von bis zu sechs Monaten – in getrennten Zellen.

### „Die Sache mit dem Reißverschluss ..."

„Der 14-jährige Kläger erwarb beim Geschäft 18 Flaschen Bier zu je 0,33 Liter und eine 0,7- l-Flasche Palm Beach. Nach dem gemeinschaftlichen Konsum des Alkohols mit seinen Freunden, infolgedessen der Kläger in einen nicht unerheblichen Alkoholrausch geraten war, musste der Kläger urinieren und klemmte sich anschließendem beim Verschließen des Hosenschlitzes seine Vorhaut in den Reißverschluss. Der Kläger wurde hierdurch erheblich verletzt, musste sich in ein Krankenhaus begeben und einer Operation unterziehen, die letztlich mit der Entfernung der Vorhaut endete."

Gezeichnet durch den unerwarteten Verlust verlangte der Jugendlichen, vertreten durch seine Eltern, finanziellen Ersatz für seine Entbehrungen. Aus den Akten ergeben sich folgende Forderungen: „Der Kläger macht Schmerzensgeld in Höhe von mindestens 5000 Euro geltend sowie Schadenersatz in Höhe von 150 Euro resultierend aus der Beschädigung seiner Hose, Fahrtkosten seiner Eltern ins Krankenhaus und Beschaffung von Lesestoff für den Klinikaufenthalt." Zahlen sollte der Inhaber des Ladens, in dem der Junge vor seinem Unfall eingekauft hatte. Die Argumentation der Eltern: Der Mann hätte ihrem Sohn gar keinen Alkohol verkaufen dürfen. Wenn der 14-Jährige aber nichts getrunken hätte, wäre es auch nicht zu dem schmerzhaften Zwischenfall gekommen, wegen dem der Junge nun „Nachteile in seinem künftigen Sexualleben befürchte".

Die Richter sahen indes nur wenig Ansatzpunkte für eine Entschädigung. Sinn des „Gesetzes zum Schutze der Jugend in der Öffentlichkeit" sei es, einer Verwahrlosung entgegenzuwirken, die durch zu frühen Alkoholgenuss eintreten könne. Der Schutz des Jugendlichen vor Selbstverstümmelungen im Vollrausch sei hingegen nicht vorrangig erfasst. Zudem hatte der Kläger sie nicht davon überzeugt, dass der Genuss des Alkohols „ursächlich für das Einklemmen der Vorhaut in den Reißverschluss war." Die Klage blieb in allen Instanzen ohne Erfolg (LG Nürnberg-Fürth 1 O 190/03; OLG Nürnberg 1 U 2507/03).

## „Phantasieloser Sex gehört bestraft ..."

Ein enttäuschter Menorca-Tourist forderte von seinem Reiseveranstalter 1500 Euro Schadenersatz für nutzlos aufgewendeten Urlaub.

Der Kläger monierte, dass das Hotelzimmer statt mit einem Doppelbett nur mit zwei aneinander geschobenen Einzelbetten ausgestattet war. Ein „friedliches und harmonisches Einschlaf- und Beischlaferlebnis" sei während der gesamten 14- tägigen Urlaubszeit nicht zustande gekommen. Die Einzelbetten, die zudem noch auf rutschigen Fliesen gestanden hätten, seien „bei jeder kleinsten Bewegung mittig auseinander gegangen". Dies habe bei ihm und bei seiner Lebensgefährtin zu „Verdrossenheit, Unzufriedenheit und Ärger geführt". Der Erholungswert habe erheblich gelitten.

Das Gericht wies die Klage ab. Zur Begründung führte der Richter aus: „Der Kläger hat nicht näher dargelegt, welche besonderen Beischlafgewohnheiten er hat, die festverbundene Doppelbetten voraussetzen. Dieser Punkt brauchte allerdings nicht aufgeklärt zu werden, denn es kommt hier nicht auf spezielle Gewohnheiten des Klägers an, sondern darauf, ob die Betten für einen durchschnittlichen Reisenden ungeeignet sind. Dies ist nicht der Fall. Dem Gericht sind mehrere allgemein bekannte und übliche Variationen der Ausführung des Beischlafs bekannt, die auf einem einzelnen Bett ausgeübt werden können, und zwar durchaus zur Zufriedenheit aller Beteiligten. Es ist also ganz und gar nicht so, dass der Kläger seinen Urlaub ganz ohne das von ihm besonders angestrebte Intimleben hätte verbringen müssen."

Zu einem erfüllten Liebesleben gehört nach Meinung des Gerichts auch ein gewisser Einfallsreichtum, den der Kläger offensichtlich vermissen ließ. „Selbst wenn man dem Kläger seine bestimmten Beischlafpraktiken zugesteht, die ein festverbundenes Doppelbett voraussetzen, liegt kein Reisemangel vor, denn der Mangel wäre mit wenigen Handgriffen zu beseitigen gewesen. Der Kläger hat ein Foto der Betten vorgelegt. Auf diesem Foto ist zu erkennen, dass die Matratzen auf einem stabilen Rahmen liegen, der offensichtlich aus Metall ist. Es hätte nur weniger Handgriffe bedurft, die beiden Metallrahmen durch eine feste Schnur miteinander zu verbinden. Es mag nun sein, dass der Kläger etwas Derartiges gerade nicht zur Hand hatte. Eine Schnur ist aber für wenig Geld schnell zu besorgen.

Bis zur Beschaffung dieser Schnur hätte sich der Kläger beispielsweise seines Hosengürtels bedienen können, denn dieser wurde in seiner ursprünglichen Funktion in dem Augenblick sicher nicht mehr benötigt."

## „Frau Doctorix ..."

Die Tierärztliche Hochschule Hannover verlieh einer Studentin nach der Promotion den Titel eines „Doctor medicinae veterinae". Für die engagierte Frauenrechtlerin eindeutig eine Diskriminierung. Die Bezeichnung „Doctor" sei, grammatikalisch betrachtet, eine männliche Benennung und spiegele nicht in angemessenem Maß wieder, dass sie, die Ärztin, weiblichen Geschlechts sei.

Um ihre Promotionsurkunde von der Hochschule ändern zu lassen, zog die Veterinärin vor Gericht und beantragte, ihren Titel auf die, – zumindest ihrer Ansicht nach – korrekte Bezeichnung „Doctora" zu korrigieren. Das Verwaltungsgericht Hannover war nun gezwungen, sich eingehend mit der Emanzipation im alten Rom auseinander zusetzen. Probleme warf vor allem Frage auf, ob es den Begriff der „Doctora" im augustinischen Zeitalter überhaupt gegeben hat.

Die Zeugenvernehmungen erwiesen sich als schwierig, denn, so merkte das Gericht zutreffend an: „Das Problem verschärft sich, wenn man in Rechnung stellt, dass die lateinische Sprache eine ‚tote Sprache' ist, also nicht mehr als ‚Muttersprache' eines Volkes gebraucht wird. Die Bundesrepublik Deutschland, ihre Länder und Körperschaften haben weder Recht noch Pflicht, die lateinische Sprache fortzuentwickeln." Auch der Einwand der Klägerin, es gebe auch Neu- und Gegenwartslatein, greife nicht durch. „Wenn insbesondere die katholische Kirche Latein als weltumspannende „Organisationssprache" pflegt und fortführt, so ist ihr das unbenommen, doch bleibt der Befund der Künstlichkeit, und für den Nachweis staatlicher Pflicht ist nichts gewonnen."

Ein schnödes Grammatiklehrbuches brachte den Richtern dann endlich die gewünschte Erleuchtung. Mithilfe der „kleinen lateinischen Formenlehre" aus dem Jahre 1948 kamen die Juristen schließlich zu dem Schluss, dass der Antrag auf eine weibliche Bezeichnung zwar berechtigt sei; die korrekte weibliche Bezeichnung für „Doctor" laute allerdings keineswegs „Doctora", sondern „Doctorix". Sollte die Tierärztin auf einem femininen Doktorgrad bestehen, sei sie, der Richtigkeit halber, gezwungen, diesen Titel zu wählen.

Die Begeisterung der Tiermedizinerin hielt sich in Grenzen. Mit einem derartigen Titel fühle sie sich nicht ernst genommen und stetigen Vergleichen mit verschiedenen, meist minderattraktiven Comicfiguren ausgesetzt. Die Klage war verloren (VG Hannover 6 A 1529/98).

## „Der Harz IV Freudenhausbesuch ..."

Ein arbeitsloser Kfz-Mechaniker, dessen Ehefrau aus Thailand und jede Menge Testosteron bescherten dem Verwaltungsgericht Ansbach einen Fall der besonderen Art. Eigentlich wollte der Mann nur erreichen, dass seine Ehefrau, die seit einigen Jahren wieder in ihrer Heimat lebte, auf Kosten des Sozialamts wieder nach Deutschland eingeflogen wurde. Dieser Antrag wurde jedoch abgelehnt.

Der Mann, der seine Frau offenbar vermisste, setzte daraufhin ein Schreiben an das zuständige Sozialamt auf, und beantragte „ihm die Kosten zur Befriedigung seiner im Einzelnen benannten sexuellen Bedürfnisse zu bewilligen bzw. zu erstatten". Auch dieser Brief stieß allerdings nicht auf die gewünschte Resonanz. Der unausgelastete Strohwitwer klagte.

Da er wegen der „Weigerung der Behörden, die Reisekosten für seine Ehefrau zu übernehmen, unter sexuellen Entzugserscheinungen leide, seine Ehe aber nicht gefährden wolle und daher auf die Erfüllung seiner Bedürfnisse zwingend angewiesen sei", beantragte er unter anderem:

- Monatlich vier Besuche im Freudenhaus zur Wiederherstellung seines psychischen sowie seelischen Gleichgewichtes.

- Pro Besuch sind circa 100 Euro für die Dame sowie 25 Euro für die Hin- und Rückfahrt zu bezahlen.

- Die Kosten für die Leihgebühren von Pornofilmen von mindestens acht Stück pro Monat und die An- und Abfahrten zur Videothek 4 mal 20 Kilometer à 0,30 Euro-

- Die Kosten für das Happy-Weekend-Magazin seit September 2003, zum Preis von 23,30 Euro pro Monat.
- Die Kostenübernahme von Kondomen und Zewa-Wischboxen für das Betrachten der Filme.

Das Verwaltungsgericht brachte für das Libidoproblem des Mannes allerdings nur sehr begrenztes Verständnis auf. Es wies die Klage ab. Die „geltend gemachten Begehren, soweit sie sich auf die sexuellen Bedürfnisse beziehen", seien Kosten der „allgemeinen Lebensführung" und damit bereits vom regulären Sozialhilfesatz abgedeckt (VG Ansbach AN 4 K 04.00052).

### „Die Richter-Dichter-Kunst ..."

Das Vorurteil, die Justiz könne sich nur in trockenem Juristendeutsch artikulieren, widerlegte eindrucksvoll ein Richter am Amtsgericht Höxter.

„Am 3.3.95 fuhr mit lockerem Sinn
der Angeklagte in Beverungen dahin.

Daheim hat er getrunken, vor allem das Bier
und meinte, er könne noch fahren hier.
Doch dann wurde er zur Seite gewunken.
Man stellte fest, er hatte getrunken.
Im Auto tats duften wie in der Destille.
Die Blutprobe ergab 1,11 Promille.

Das ist eine fahrlässige Trunkenheitsfahrt,
eine Straftat, und mag das auch klingen hart.
Es steht im Gesetz, da hilft kein Dreh,
§ 316 I und II StGB.

So ist es zum Strafbefehl gekommen.
Auf diesen wird Bezug genommen.
Der Angeklagte sagt, den Richter zu rühren:
Das wird mir in Zukunft nicht wieder passieren!

Jedoch es muss eine Geldstrafe her,
weil der Angeklagte gesündigt, nicht schwer.

30 Tagessätze müssen es sein
zu 30,- DM. Und wer Bier trinkt und Wein,
dem wird genommen der Führerschein.
Die Fahrerlaubnis wird ihm entzogen,
auch wenn man menschlich ihm ist gewogen.

Darf er bald fahren? Nein, mitnichten.
Darauf darf er längere Zeit verzichten.
5 Monate Sperre, ohne Ach und Weh,
nach §§ 69, 69a StGB.

Und schließlich muss er, da hilft kein Klagen,
die ganzen Verfahrenskosten tragen,
weil er verurteilt, das ist eben so,
nach § 465 StPO."

# Aus deutschen Gesetzbüchern

## „Schadensersatz für Sex"

§1300 BGB (Beiwohnung) gestattet es Frauen, welche von ihren Verlobten verlassen werden, für den geleisteten Sex Schadensersatz zu verlangen, sofern sie in einer gemeinsamen Wohnung zusammengelebt haben. *[Der §1300 BGB wurde im Zuge des Gesetzes zur Neuordnung des Eheschließungsrechts am 4.5.1998 mit Wirkung zum 1.7.1998 aufgehoben]*

## „Fotografieren verboten"

Das Jagdrecht verbietet es Ihnen grundsätzlich seltenes Wild in seinem natürlichen Lebensraum zu Fotografieren weil es hierdurch aufgeschreckt werden könnte. Dem Jäger hingegen ist es unter bestimmten Umständen erlaubt, selbiges Wild zu erlegen.

**„Fußgängerüberweg"**

Überschreiten Sie einen Fußgängerüberweg bei Rot, so kostet Sie dies ein
Regelbußgeld in Höhe von 5 €. Dies gilt
jedoch nur unmittelbar am Fußgängerüberweg (innerhalb der Kennzeichnung
sowie in unmittelbarer Nähe dazu. i.d.R.
5 Meter vor und hinter dem Übergang).
Wenn Sie die Straße jedoch außerhalb
dieser Kennzeichnung überqueren, dann
lässt die Straßenverkehrsordnung dies
zu. Sofern Sie die nötige Sorgfalt walten
lassen und der Verkehr dadurch nicht
behindert wird.

**„Todesstrafe"**

Nach der hessischen Landesverfassung ist die Todesstrafe noch immer zulässig.

*[Die Todesstrafe wird zwar durch höherwertiges Recht (Grundgesetz und Europarecht) aufgehoben, aber es ist dennoch bemerkenswert, dass man es bis zum heutigen Tage nicht geschafft hat, die Landesverfassung zu ändern.]*

## „Karfreitag"

In den deutschen Bundesländern Baden- Württemberg u. Bayern dürfen am Karfreitag keine Tanzveranstaltungen durchgeführt werden.

## „Jesus"

In Deutschland ist es erst seit 1998 erlaubt, sein Kind „Jesus" zu nennen.

## „Halteverbot"

Sie sehen ein Fahrzeug im absoluten Halteverbot parken und denken sich: „Ist der blind und hat das Verkehrszeichen nicht gesehen?"

Sollte der Verkehrsteilnehmer tatsächlich blind sein, so hat er alles richtig gemacht! Die Straßenverkehrsordnung sieht vor, dass blinde Autofahrer im absoluten Halteverbot parken dürfen.

**„Herrenlose Bienen"**

Nach deutschem Recht wird ein Bienenschwarm herrenlos, wenn der Eigentümer die Verfolgung nicht unmittelbar aufnimmt. Hierbei darf der Eigentümer fremde Grundstücke betreten.

# Kurioses
# aus den USA

## Rechtsprechung in den USA

Die oft im Internet zitierte „skurrile Rechtsprechung" der USA führt immer wieder zu heftigen Diskussionen in den Online-Foren. Insbesondere US-Bürger sehen „ihre" Rechtsprechung oft fehlinterpretiert.

In der Tat handelt es sich bei einigen der oft zitierten Gesetze tatsächlich nur um Urteile und somit um Einzelfallentscheidungen. Man darf jedoch nicht verkennen, dass sich jeder Bürger innerhalb des Gerichtsbezirkes auf dieses Urteile berufen kann. Es liegt im Ermessen des jeweiligen Richters, ob die Rechtsprechung noch zeitgemäß ist oder einer Anpassung bedarf.

Dies ist nicht immer der Fall, wie ein Urteil aus dem Jahre 2005 eindrucksvoll zeigt. In diesem Fall verwies der Richter auf eine fast 200 Jahre altes Urteil, als er ein junges paar (beide 17 Jahre alt) zu einer Haftstrafe verurteilte, weil sie vorehelichen Sex hatte. Da das Berufungsverfahren aus der Haft heraus geführt werden musste, war ein späteres milderes Urteil nur eine kleine Entschädigung.

Einige ausgewählte „Einzelfallentscheidungen" und gesetzliche Regelungen, die vielleicht nicht alle zeitgemäß sind, aber dennoch bis heute Bestand haben, möchte ich Ihnen nun vorstellen.

## ALABAMA

Man darf falsch herum in Einbahnstraßen fahren, wenn man vorne am Wagen eine Laterne anbringt.

Wenn man Salz auf Eisenbahnschienen streut beeinträchtigt man das Schienennetz nachhaltig aufgrund der hierdurch entstehenden Korrosion. Diese Beeinträchtigung kann erhebliche Sach- und Personenschäden verursachen. Daher steht auf diese Handlung die Todesstrafe.

Es ist untersagt, eine Tüte Eiscreme im Rucksack zu haben.

Am Sonntag ist das Domino-Spielen verboten.

Man darf keine Bart-Attrappe tragen, wenn man in die Kirche geht, weil dies zu unerwünschter Heiterkeit führen könnte.

Das barfüßige Autofahren ist verboten.

In der Stadt Jasper ist es Ehemännern verboten, ihre Gattinnen mit Stöcken zu prügeln, die dicker sind als der Daumen des Herrn im Hause.

Eine Inzest-Hochzeit ist erlaubt.

Nach Sonnenuntergang ist das verkaufen von Erdnüssen untersagt.

**In Mobile sind Stöckelschuhe verboten, weil eine Frau sich einmal in einem Gully verhakte und die Stadt verklagte.**

In der Großstadt Montgomery ist es verboten, einen Regenschirm auf offener Straße aufzuspannen.

Männern ist es gesetzlich verboten, in Anwesenheit von Frauen auf den Boden zu spucken.

**Im US-Bundesstaat Alabama war bis 2002 der Verkauf von Sexspielzeugen gesetzlich verboten.**

Im US-Bundesstaat Arizona dürfen in keinem Haus mehr als zwei Dildos in Gebrauch sein.

## ALASKA

Es ist zwar erlaubt einen Bären zu erschießen, ihn aber aus dem Schlaf zu wecken, um ein Foto von ihm zu machen, ist verboten.

Es ist streng untersagt, lebende Elche aus fliegenden Flugzeugen zu stoßen.

**In Fairbanks ist es Elchen per Gesetz untersagt, auf den Bürgersteigen der Stadt der geschlechtlichen Liebe nachzugehen.**

## ARIZONA

Ein Esel darf nicht in der Badewanne schlafen.

In Glendale ist das Rückwärtsfahren mit einem Fahrzeug gesetzlich verboten.

Das Jagen von Kamelen ist verboten.

In Mahove County musste ein Dieb, der ein Stück Seife gestohlen hat, sich so lange damit waschen, bis es vollständig aufgebraucht war.

In Nogales dürfen Männer keine sichtbaren Hosenträger tragen.

**In Tombstone ist es Männern wie Frauen über 18 Jahren gesetzlich untersagt, ihren Mund zu einem Lächeln zu öffnen, wenn dabei mehr als ein fehlender Zahn sichtbar wird.**

In Tuscon wird es Frauen per Verordnung verboten, Unterhosen zu tragen.

**ARKANSAS**

Es ist nicht gestattet, den Namen des Staates Arkansas falsch auszusprechen.

Eine Gehaltserhöhung für Lehrer mit einer "Bubikopf-Frisur" ist per Gesetz untersagt.

**Der Arkansas River darf nicht höher steigen, als die Brücke der Hauptstraße von Little Rock hoch ist.**

Ein Ehemann darf nach dem Gesetz seine Frau schlagen. Allerdings nicht öfter als einmal im Monat.

Am Sonntag ist es verboten, seine Kuh nach 13 Uhr auf der Hauptstraße zu führen.

Es ist untersagt, Krokodile in Badewannen zu halten.

Das Flirten in den Straßen von Little Rock kann eine 30-tägige Haftstrafe zu Folge haben.

Das Töten von lebenden Kreaturen ist verboten.

## COLORADO

Jemand, der Grippe hat bzw. erkältet ist, darf kein Pferd reiten.

Wer seinen Staubsauger an die Nachbarn verleiht, verstößt gegen das Gesetz.

In Colorado Springs darf innerhalb der Stadtgrenzen eine 6-schüssige Pistole nicht im Halfter getragen werden. Erlaubt ist dies nur sonntags, an Feiertagen und während der Urlaubszeit.

Am Sonntag ist das Fahren mit einem schwarzen Auto verboten.

**In Denver darf ein Hundefänger nur dann seinem Handwerk nachgehen, wenn er die Hunde durch Plakatanschläge in öffentlichen Parks ausdrücklich auf die drohende Gefahr hingewiesen hat.**

In Logan County ist das Küssen einer Frau während währen sie schläft verboten.

In Pueblo ist das Pflanzen und das Wachsen lassen von Löwenzahn innerhalb der Stadt verboten.

In Sterling muss eine freilaufende Katze einen Rückstrahler tragen.

**CONNETICUT**

Radfahrer in Connecticut dürfen von der Polizei gestoppt werden, wenn sie schneller als 65 mph (ca. 100 Km/h) radeln.

Es ist keiner Person erlaubt, einen weißen Stock zum Schlagen zu benutzen, es sei denn, sie ist blind.

Gebrauchte Rasierklingen wegzuwerfen ist nicht erlaubt.

**Männer dürfen ihre Frauen sonntags nicht in der Öffentlichkeit küssen.**

Es ist verboten, eine Straße im Handstand zu überqueren.

In Devon ist es verboten, auf den Straßen nach Sonnenuntergang rückwärts zu laufen.

In Guilford dürfen nur weiße Weihnachtslichter benutzt werden.

In New Britain ist die zulässige Höchstgeschwindigkeit selbst für die Feuerwehr im Brandfall auf 25 mph (ca. 40 Km/h) festgelegt.

In Hartford verstößt es gegen das Gesetz, seinen Hund zu erziehen.

## DELAWARE

Es darf nichts überflogen werden, das Wasser beinhaltet. Es sei denn, es werden ausreichend Vorräte an Bord mitgeführt.

Wer in einem Flugzeug schnarcht, verstößt gegen das Gesetz.

## FLORIDA

Es verstößt gegen das Gesetz, beim Frisörbesuch unter einer Trockenhaube einschlafen.

Es ist für unverheirateten Frauen an Sonn- und Feiertagen gesetzlich untersagt, mit dem Fallschirm zu springen.

Für einen am Straßenrand abgestellten Elefanten ist die gleiche Parkgebühr zu entrichten, wie für ein Auto.

**Sexuelle Beziehungen mit Stachelschweinen sind gesetzlich untersagt.**

Nacktes Duschen ist überall strikt untersagt.

Männern ist es in Miami verboten, sich in der Öffentlichkeit in einem Morgenmantel ohne Gürtel zu zeigen.

Ein Gesetz verbietet es den Ratten, Schiffe zu verlassen.

**Sollten Frauen in der Badewanne Utensilien benutzen, um sich zu verschönern, bei der Benutzung jedoch tödlich verunglücken, können sie dafür bestraft werden.**

In Tampa Bay ist sonntags nach 18 Uhr der Verzehr von Hüttenkäse verboten.

In Florida ist es Männern verboten, sich mit einer sichtbaren Erektion in der Öffentlichkeit sehen zu lassen.

In Florida ist es der Frau verboten, 2/3 ihres Pos am Strand zu zeigen. Tut sie's trotzdem, drohen ihr 500$ Strafe oder Gefängnis.

**In Florida dürfen Kinder und Jugendliche ohne schriftliche Erlaubnis ihrer Eltern keine Harry Potter-Bücher aus Schulbibliotheken entleihen.**

[Diese Maßnahme wurde getroffen, nachdem besorgte christliche Eltern Einwände gegen das Buch erhoben haben, da im Buch magische Rituale beschrieben werden. Ein Ausschuss entscheidet nun, ob die Bücher in Zukunft gänzlich aus den Regalen entfernt werden müssen.]

Außer der Missionarsstellung ist in Florida keine andere sexuelle Stellung erlaubt. Darüber hinaus ist es verboten, die Brüste seiner Frau zu küssen oder Oralverkehr auszuüben.

## GEORGIA

Ein Gesetz verbietet es den Friseuren, ihre Preise auszuhängen.

Unterschriften müssen in Englisch geschrieben sein. [???]

Man verstößt gegen das Gesetz, wenn eine Giraffe an einer Telefonzelle oder an einem Laternenpfahl festgebunden wird.

In Columbus dürfen auf der Hauptstraße sonntags keine Hühner an den Beinen getragen werden.

In Gainesville müssen Hühner mit den Händen gegessen werden.

In Jonesboro ist es verboten, die Worte "Oh Boy" in der Öffentlichkeit auszusprechen.

In Marietta darf man aus einem Auto oder Bus heraus nicht Spucken. Aus einem LKW aber schon.

Ein Gesetzentwurf des Abgeordneten Doug Teper vor dem Staatsparlament von Georgia sah vor, dass alle Hotels in Georgia deutlich sichtbar Schilder mit der Warnung "Geschlechtsverkehr, Ehebruch und Sodomie verboten" (in Normal- u. Blindenschrift) aufhängen müssen. Zusätzlich sollten diese Tafeln "international erkennbare Symbole" tragen.

In Smyrna ist es Personen unter 18 Jahren verboten, Farb-Spraydosen oder Filzmarker zu erwerben oder zu besitzen. Ladenbesitzer dürfen diese Gegenstände nur noch in Minderjährigen nicht zugänglichen Bereichen verkaufen. Personen, die mit diesen Gegenständen aufgegriffen werden, gelten als Kriminelle.

[Dieses Gesetz wurde 2001 erlassen, um die Bandenkriminalität in Smyrna zu bekämpfen. Es soll dazu beitragen, die Kommunikation zwischen rivalisierenden Streetgangs mittels Graffitis zu erschweren.]

## HAWAII

Einwohner, welche kein Boot besitzen, können bestraft werden.

Es ist verboten, sich einen Penny ins Ohr zu stecken.

## IDAHO

Es verstößt gegen das Gesetz, wenn ein Mann seiner Angebeteten eine Pralinenschachtel überreicht, die weniger als 50 Pfund wiegt.

Personen über 88 Jahren ist es in Idaho verboten, Motorrad zu fahren.

Es ist verboten, Forellen zu fischen, während man auf einer Giraffe sitzt.

Sonntags mit einem Karussell zu fahren ist strafbar.

**Sex im Auto in Coer d'Arlene stellt allerdings kein Problem dar, da sich dem Auto nähernde Polizisten aufgefordert sind, hinter dem Wagen zu parken, dreimal auf die Hupe zu drücken und dann anschließend zwei Minuten zu warten, ehe sie sich dem Wagen nähern dürfen.**

## ILLINOIS

Ein Gesetz besagt, das alle weiblichen Singles männliche Junggesellen mit 'Meister' anzureden haben.

Eine Frau, die mehr als 90 Kilo wiegt, darf nicht in Shorts reiten.

Man darf Alkohol nicht im Stehen trinken.

**Man kann wegen Landstreicherei verhaftet werden, wenn man nicht mindestens einen Dollar dabei hat.**

Die englische Sprache darf nicht gesprochen werden. Die Offiziell anerkannte Sprache ist "amerikanisch".

Jugendlichen unter 17 Jahren ist es ohne entsprechende Erlaubnis nicht gestattet nackt vor dem Rathaus zu protestieren.

Ein Gesetz verbietet es, während eines Brandes zu essen.

Es ist verboten, einen französischen Pudel mit in die Oper zu nehmen.

Monstern ist es in Urbana verboten, das Stadtgebiet zu betreten.

In einem Auto die Kleidung zu wechseln, wenn die Vorhänge geöffnet sind, ist nicht erlaubt. Außer im Brandfall.

Das Schlagen von Ratten mit Baseball-Schlägern wird mit $1.000 bestraft.

Es ist verboten, eine Schleuder zu benutzen. Außer für Polizeibeamte in Ausübung ihres Amtes.

Ein Hahn, der vor hat, zu krähen, muss sich 300 Fuß von jeder Behausung entfernen.

**Ein Gesetz verbietet es den Bienen, über das Dorf oder durch die Straßen zu fliegen.**

In den Monaten Juni und August - also mitten im Sommer - ist das Eislaufen auf dem Stadtteich verboten.

Es steht unter Strafe, am Hochzeitstag mit seiner Frau zu schlafen, wenn man sich dabei auf einem Jagd- oder Angelausflug befindet.

**LKW´s dürfen nur innerhalb geschlossener Garagen parken.**

**INDIANA**

Ein Mann der über 18 Jahre ist, kann wegen Vergewaltigung und Notzucht eingesperrt werden, wenn sein Beifahrer(in) jünger als 17 Jahre ist und keine Schuhe und Socken angezogen hat.

Rückwärts einparken in eine Parklücke ist verboten.

[Dieses Gesetz ermöglicht es Polizisten, die Nummernschilder aller parkenden Fahrzeuge von der Straße aus zu kontrollieren.]

**Ein Schnapsladen darf keine kalten Erfrischungsgetränke und auch keine Milch verkaufen.**

Ein Gesetz verbietet es, während der Wintermonate (Oktober bis März) ein Bad zu nehmen.

Männer dürfen in einer Bar nicht stehen.

In Spades ist es verboten, Konservendosen aufzuschießen, wenn man den Büchsenöffner vergessen hat.

**Nur ein Kellner darf einen Cocktail von der Bar an den Tisch tragen.**

Das boshafte Tratschen und Klatschen über eine Person (hinter dessen Rücken) ist verboten.

**Schnurrbärte sind strafbar, wenn der Träger die Neigung hat, ständig andere Menschen zu küssen.**

Wenn Sie in Evansville auf der Hauptstraße fahren, dürfen ihre Lichter nicht eingeschaltet sein.

Im Flughafenbereich in Bicknell ist es verboten, Eiscreme mit einer Gabel zu essen.

Es ist verboten einen Fisch nur mit der Hand zu fangen.

## IOWA

Ein Gesetz des Staates verbietet es jedem Etablisment, für das Konzert eines einarmigen Pianisten Eintritt zu kassieren.

Küsse dürfen höchstens 5 Minuten dauern.

In Cedar Rapids ist es verboten, Fremde zu küssen.

**Ein Gesetz verbietet es einem Ehemann nach dem Sex mehr als drei Schluck Bier zu sich zu nehmen, solange er seine Ehefrau im Arm hält oder neben ihr im Bett liegt.**

Die Feuerwehr ist dazu angehalten, 15 Minuten lang zu üben, bevor sie einen Brand löscht.

In Ottumwa ist es jeder männlichen Person untersagt, innerhalb der Stadtgrenzen einer ihnen unbekannten Frau zuzuwinken.

## KALIFORNIEN

Es wurde ein Gesetz verabschiedet, nach dem es strafbar ist, Kinder am Überspringen von Pfützen zu hindern.

Frauen, die mit einer Haushalts-schürze bekleidet sind, dürfen kein Auto fahren.

Zum Spaß auf irgendwelche Ziele aus einem fahrbaren Untersatz heraus zu schießen, ist verboten, es sei denn, das Ziel ist ein Wal.

Eine Mausefalle darf nur von Perso-nen mit gültiger Jagderlaubnis aufges-tellt werden.

**Ein Fahrzeug ohne Fahrer(!) darf nicht schneller als 96 km/h fahren.**

Ohne eine ausreichende Erlaubnis ist ein Abstellen von Fahrzeugen über Nacht verboten.

Das Fahrradfahren in einem Swim-mingpool verstößt gegen das Gesetz.

Eine Anordnung der Stadtverwaltung wurde etwas seltsam formuliert: "No dog shall be in a public place without its master on a leash." (Kein Hund darf in die Öffentlichkeit, ohne sein Herrchen an einer Leine)

**Wer in hier Cowboystiefel tragen will, muss mindestens zwei Rinder besitzen.**

Mit einer Geldstrafe von bis zu 500 Dollar wird bestraft, wer innerhalb der Stadtgrenzen von Chico einen Nuklearsprengkörper zur Detonation bringt.

In Cupertino ist es strafbar, gut hörbar rückwärts im Hexadezimalsystem zu zählen.

In Hollywood dürfen nicht mehr als 2000 Schafe gleichzeitig den Hollywood Boulevard runter getrieben werden.

In Los Angeles darf jeder Mann seine Frau mit einem Lederriemen schlagen - vorausgesetzt, der Riemen ist nicht breiter als 2 Inches. Benutzt er einen breiteren Riemen, bedarf es der vorherigen Zustimmung seiner Ehefrau.

Ein Gesetz verbietet die Jagd auf Motten unter einer Straßenlaterne.

Es ist verboten, mit zwei Babys gleichzeitig in derselben Wanne baden.

**Das Heulen im Zeugenstand ist verboten.**

In Pasadena ist es strafbar, wenn eine Sekretärin alleine mit Ihrem Vorgesetzten in einem Raum ist.

In Prinedale dürfen in einem Haus keine 2 Badewannen eingebaut werden.

**Hausbesitzer welche ihre Weihnachtsbeleuchtung nicht bis spätestens 2. Februar entfernt haben, können mit $250 bestraft werden.**

In San Francisco dürfen Elefanten nicht entlang der Market Street spazieren geführt werden, es sei denn, sie werden an einer Leine geführt.

Benutzte Unterwäsche zum Reinigen von Autos zu verwenden ist verboten.

Pferdeäpfel an Straßenecken höher als 6 Fuß hoch aufzutürmen ist verboten.

**Personen, die man als hässlich bezeichnen kann, dürfen keinen Gehweg benutzen.**

In Ventura County ist es Hunden und Katzen verboten, ohne vorherige Erlaubnis miteinander Sex zu haben.

Badeanstalten sind in Kalifornien gesetzlich verboten. Von dem Verbot sind alle Arten von Mineralquellen, Whirlpools, Saunen und Dampfbäder, öffentliche Badeanstalten, Schlamm-, Mineral- u. Schwimmbäder betroffen.

[Dieses Gesetz wurde während der ersten AIDS-Hysterie Anfang der 80er Jahre verabschiedet. Durch diese Maßnahme sollte die Verbreitung der Seuche verlangsamt werden. Man glaubte, dass es in öffentlichen Badeanstalten häufiger als anderswo zu anonymen Sexualkontakten kam.]

**Tiere dürfen sich in Kalifornien nur paaren, wenn sie mehr als 1.500 Fuß von der nächsten Kneipe, Schule oder Kirche entfernt sind.**

## KANSAS

Ein Staatsgesetz verbietet das Enten jagen mit Hilfe von Maultieren.

Ein Gesetz des Staates verlangt, dass alle Fußgänger, welche nachts einen Highway überqueren, ein Schlusslicht tragen müssen.

**In Lang ist es strafbar, im August auf einem Muli auf der Hauptstraße zu reiten, es sei denn das Muli trägt einen Strohhut.**

**In Wichita wird die Misshandlung eines Mannes durch seine Schwiegermutter nicht als Scheidungsgrund anerkannt.**

In Topeka ist die Installation von Badewannen verboten.

Die Einwohner der Ortschaft Geuda Springs müssen seit 2003 laut einer Verordnung des Gemeinderates eine Schusswaffe samt Munition im Haus haben.

[Der Gemeinderat verabschiedete diese Verordnung, weil es in Geuda Springs keine Polizeistation gibt.]

Durch Gesetzesbeschluss gilt in Kansas jeder Mann oder jede Frau so lange als nüchtern, bis er oder sie nicht mehr aufrecht stehen kann.

## KENTUCKY

Keine Frau, die mit einem Badeanzug bekleidet ist, darf einen Highway betreten, wenn sie nicht von mindestens zwei Polizisten eskortiert wird oder mit einem Knüppel bewaffnet ist.

**Bis 1948 mussten alle Bienen, die nach Kentucky kommen, ein Zertifikat bei sich führen, welches nachweist, dass das Herkunftsbienenhaus frei von ansteckenden Krankheiten ist.**

In Kentucky ist das Fischen mit Pfeil und Bogen verboten.

Es muss mindestens einmal im Jahr gebadet werden.

Ein Gesetz verbietet es, die Krawatte eines Polizeibeamten abzuschießen.

In Owensboro darf sich eine Frau ohne Erlaubnis ihres Mannes keinen Hut kaufen. Ohne Begleitung seiner Frau darf auch kein Mann einen Hut käuflich erwerben.

## LOUISIANA

Ein 1999 verabschiedetes Gesetz zwingt Schüler vom Kindergarten bis zur fünften Klasse zur Höflichkeit. Sie müssen ihre Lehrer ab sofort mit «Sir» oder «Madam» ansprechen.

Ein Gesetz verbietet es Bankräubern nach einem Überfall, mit einer Wasserpistole auf die Bankangestellten zu schießen.

**In New Orleans müssen Feuerwehrautos auch dann bei Rotlicht halten, wenn sie auf dem Weg zu einem Brand sind.**

Das Anbinden eines Alligators an einen Hydrant ist verboten.

## MAINE

Es ist ungesetzlich, einem Gottesdienst ohne ein geladenes Gewehr beizuwohnen.

Während einer Reise im Flugzeug ist das Aussteigen gesetzlich verboten.

Spazieren gehen und dabei Violine zu spielen ist verboten.

Wenn man einen Gehweg benutzt, müssen die Schnürsenkel zusammen gebunden sein.

## MARYLAND

Nach dem City Code der Stadt Baltimore im US-Bundesstaat Maryland ist es verboten, Minderjährigen In der Woche vor Beginn der Osterferien Hühner- o. Entenküken zu verkaufen.

Es ist strafbar, Austern zu misshandeln.

Es ist untersagt, Löwen ins Kino mitzunehmen.

Auf die Straße zu Spucken ist erlaubt. Auf den Gehweg zu Spucken nicht.

In Columbia sind Wäscheleinen verboten, aber man darf die Wäsche über den Zaun hängen.

## MASSACHUSSETTES

Es ist gesetzeswidrig, Duelle mit Wasserpistolen auszutragen.

**Ein Gesetz des Staates schreibt vor, dass Frauen beim Sex unten zu liegen haben.**

Allen Hunden müssen im Monat April die Hinterbeine zusammengebunden werden.

Ein Gesetz verbietet es Trauernden, während der Totenwache mehr als drei Sandwiches zu essen.

In der Stadt darf ein Maultier nicht im 2.Stock eines Hauses gehalten werden, es sei denn, das Haus hat mindestens 2 Ausgänge.

Es ist strafbar, eine Taube zu erschrecken.

Wer in den Regalen einer Bäckerei herumliegt, macht sich eines Verbrechens schuldig.

**Ein Gesetz verbietet es, die Füße zwecks Abkühlung aus dem Fenster hängen zu lassen.**

In Brockton müssen die Bürger eine Lizenz beantragen, um eine Schneiderei betreten zu dürfen.

In Boston dürfen Wannenbäder nur auf Rezept genommen werden.

In Fitchburg dürfen Friseure keinen Kamm hinter dem Ohr tragen.

Ein Haus, das von der Hauptstraße aus gesehen werde kann, darf nur mit weißem Licht, nicht aber mit buntem Licht geschmückt werden.

**Weihnachten gilt seit 1659 als ungesetzlich, da bisher niemand das Gesetz geändert hat.**

In Holyoke gibt es ein Gesetz, welches das Wässern eines Rasens während eines Regenschauers unter Strafe stellt.

In Southbridge ist das Lesen von Büchern oder Zeitungen in den Straßen nach 20.00 Uhr verboten.

**In Salem, Massachusetts ist es selbst verheirateten Paaren verboten, nackt in gemieteten Räumen zu schlafen.**

In Boston/Massachusetts ist es gesetzlich untersagt, sich vor einem Kirchengebäude zu küssen.

## MICHIGAN

Ein Gesetz des Staates besagt, dass das Haar einer Frau ihrem Ehemann gehört. Nach Klärung der Eigentumsverhältnisse versteht es sich von selbst, dass sich keine Frau ohne die Erlaubnis ihres Mannes die Haare schneiden lassen darf.

In Sault Saint Marie wird Spucken gegen den Wind bestraft.

Es ist es den Männern gesetzlich verboten, ihre Frauen Sonntags böse anzuschauen bzw. missmutig zu ihr zu sein.

Vorsätzliches Zerstören des eigenen alten Radios ist verboten.

**In Harper Woods ist das einfärben von Falken, um sie dann als Sittiche zu verkaufen verboten.**

Ein Gesetz des Staates Michigan stellt das ungebührliche Benehmen von Männern in Gegenwart von Frauen und Kindern unter Strafe. Laut dem Gesetz ist es verboten, in Nähe oder in Hörweite von Frauen und Kindern 'unanständige, unmoralische, obszöne, vulgäre oder beleidigende Wörter' zu gebrauchen.

[Noch 1999 wurde ein Mann aufgrund dieses Gesetzes von 1897 verurteilt. Der Mann unternahm eine Kanu tour, die für ihn an einem Felsen endete. Der durchnässte Hobbykanute ließ seinem Ärger verbal freien Lauf, wobei Worte fielen, die in der amerikanischen Gesellschaft als anstößig empfunden werden. Unter anderem soll 75 Mal das Wort 'Fuck' gefallen sein. Da am Ufer Frauen und Kinder Zeugen dieses Schauspiels wurden, wurde der Kanute vor Gericht gestellt und verurteilt.]

In Rochester muss jeder Badefreund seinen Badeanzug vorher von einem Polizisten inspizieren lassen.

Ein Gesetz des Staates Michigan legt fest, dass das Haar einer Frau ihrem Ehemann gehört. Nach Klärung der Eigentumsverhältnisse versteht es sich von selbst, das sich in Michigan keine Frau ohne die Erlaubnis ihres Mannes die Haare schneiden lassen darf.

In Detroit, Michigan ist es völlig verboten, in einem Auto Sex zu haben. Ausnahme: Das Fahrzeug befindet sich auf dem Privatgrundstück des Paares.

## MINNESOTA

Laut einem 1997 verabschiedeten Gesetz müssen in Minnesota alle offiziellen Landmarken die den Begriff 'Squaw' enthalten, umgehend umbenannt werden müssen.

[Zwei Studenten haben herausgefunden, dass das Wort 'Squaw' in der Sprache der Ojibwa-Indianer 'Vagina' bedeutet. Daraufhin entschied der Bundesstaat Minnesota, keine 'pornographischen' Landmarken mehr zu unterstützen.]

**Das Nacktschlafen ist verboten.**

Badewannen müssen Füße haben.

**Einer Frau, die ein Weihnachtsmannkostüm trägt, drohen 30 Tagen Gefängnis.**

Es ist strafbar, weibliche und männliche Unterwäsche auf dieselbe Wäscheleine zu hängen.

Kein Mann darf mit seiner Frau schlafen, wenn er aus dem Mund nach Knoblauch, Zwiebeln od. Sardinen riecht. Verlangt es seine Frau, zwingt ihn das Gesetz, sich die Zähne zu putzen.

In dem Städtchen Brainerd wird von allen Männern gesetzlich verlangt, sich einen Bart wachsen zu lassen.

In Columbia ist es Kindern unter zwölf Jahren verboten, auch nur ein Wort in ein Telefon zu sprechen, solange nicht zumindest ein Elternteil dabei ist.

Einem Gesetz der Stadt Minneapolis nach dürfen Fahrzeugbesitzer, die in zweiter Reihe parken, zu Zwangsarbeit verurteilt werden.

Rote Autos dürfen die Lake Street nicht befahren.

Am Sonntag dürfen in St. Cloud keine Hamburger gegessen werden.

## MISSISSIPPI

Auf dem Flughafengelände Bourbon dürfen keine Schildkrötenrennen abgehalten werden.

Sich auf der Main Street in Tylertown zu rasieren ist verboten.

Wird in Columbus in der Öffentlichkeit eine Waffe geschwenkt, wird dies höher bestraft als wenn mit der Waffe geschossen wird.

**Wer sich über die Architektur von öffentlichen Bauten lustig macht, macht sich strafbar.**

## MISSOURI

Minderjährige dürfen in Marceline Tabakwaren erwerben. Dafür dürfen sie weder Feuerzeuge noch Streichhölzer besitzen oder kaufen.

In Marquette ist es mehr als 4 nicht miteinander verwandten Personen verboten, in einem Haus zu wohnen.

In Merryville ist es Frauen strengstens verboten, ein Korsett zu tragen.

[Urteilsbegründung: "Das Privileg, einen kurvenreichen und durch nichts eingeengten Körper einer jungen Frau bewundern zu dürfen, darf dem normalen amerikanischen Mann nicht verweigert werden."]

Frauen in Saco ist es gesetzlich verboten, Hüte zu tragen, welche Personen, Kindern oder Tieren Angst einjagen könnten.

Das Rasieren bei Tageslicht wird bestraft.

In Kansas City ist Minderjährigen verboten, Pistolen zu erwerben. Gewehre jedoch dürfen sie erwerben.

Die Feuerwehr in St. Louis darf Frauen nur dann aus brennenden Häusern retten, wenn sie vollständig bekleidet sind. Das Gesetz sagt, dass für das Anlegen dezenter Kleidung immer genug Zeit ist.

## MONTANA

Verheiratete Frauen dürfen am Sonntag nicht alleine fischen gehen - und unverheirateten Frauen ist es grundsätzlich verboten, alleine fischen zu gehen.

Es ist einem Schaf verboten, sich ohne eine Begleitung alleine im Führerhaus eines LKW's aufzuhalten.

In einem Nachtclub, in dem Alkohol ausgeschenkt werden darf, muss das Kostüm der Tänzerinnen mindestens drei Pfund und drei Unzen wiegen.

Das Aufführen von Filmen, die Straftaten zeigen, ist verboten.

Sobald eine Frau die Post Ihres Mannes öffnet, begeht sie bereits ein Verbrechen.

Es dürfen keine Gegenstände von einer Straßenseite auf die andere geworfen werden.

## NEBRASKA

In Nebraska wurden die Eltern eines Kindes verhaftet, weil das Kind im Gottesdienst laut Rülpsen musste.

Barbesitzern ist es nur dann erlaubt Bier zu verkaufen, wenn sie gleichzeitig einen Suppe anbieten.

In Hastings müssen Ehepartner beim Sex Nachthemden tragen. Sämtliche Hotelbesitzer sind daher gesetzlich dazu verpflichtet, jedem Gast ein sauberes und Nachthemd zur Verfügung zu stellen.

Laut einem Gesetz darf eine Mutter ihrer Tochter ohne eine staatliche Lizenz keine Dauerwelle machen.

## NEVADA

Ein Gesetz verbietet den außerehelichen Sex ohne Kondom.

Innerhalb des eigenen Grundstücks ist es erlaubt, jemanden aufzuhängen, wenn er den Hund erschossen hat.

In Las Vegas ist es verboten, Zahnprothesen zu verpfänden.

## NEW HAMPSHIRE

Ein Gesetz des Staates verbietet es, in einem Cafe, einer Kneipe oder einem Restaurant im Takte der Musik mit dem

Kopf zu nicken, mit den Füssen zu klop-
fen oder der Musik sonstwie Aufmerksamkeit zu widmen.

Die Kleidung, die man trägt, darf
nicht verkauft werden, um Spielschul-
den zu bezahlen.

## NEW JERSEY

Wird man bei einer Trunkenheitsfahrt bestraft, darf man nie wieder ein
Wunschkennzeichen für sein Auto beantragen.

Während der Fischfang-Saison ist es
den Männern untersagt zu stricken.

**Gegenüber einem Polizisten die
Stirn zu runzeln ist verboten.**

Sein eigenes Boot darf man nicht in
seinem Vorgarten abstellen.

In Cresskill müssen alle Katzen drei Glocken tragen, um den Vögeln ihr Kommen anzukündigen.

In Newark ist der Verkauf von Eis ist nach 18 Uhr verboten. Ausnahme: der Käufer hat eine Erlaubnis vom Arzt.

In Sea Isle City Knochen zu kochen ist verboten.

In einem öffentlichen Restaurant in Trenton die Suppe zu schlürfen ist ein verboten.

**NEW MEXICO**

Ehefrauen dürfen die Taschen ihres Mannes jederzeit durchsuchen.

In Carrizoro ist es Frauen verboten, sich unrasiert in der Öffentlichkeit sehen zu lassen.

## NEW YORK

In New York City ist es Männern verboten, Frauen hinterher zu schauen.

Frauen, die im Kino laut den möglichen Ausgang des Films diskutieren, darf man ungestraft die Zunge herausstrecken.

**Selbstmörder, die vom Dach eines Gebäudes springen, können zum Tode verurteilt werden.**

Ab 10 Uhr in der Öffentlichkeit Pantoffel zu tragen ist untersagt.

In Albany darf in den Straßen kein Golf gespielt werden.

Männern ist es in Carmel verboten, das Haus zu verlassen, wenn die Hose nicht zum Jackett passen sollte.

In Greene ist es verboten auf den Straßen rückwärts zu laufen und Erdnüsse zu essen.

In Ocean City darf am Strand das Wasser nur aus einer durchsichtigen Plastikflasche getrunken werden.

In New York ist es Frauen gesetzlich verboten, auf der Straße zu rauchen.

## NORTH CAROLINA

Einen Elefanten zum Umpflügen von Baumwollfeldern einzusetzen ist streng verboten.

Wenn eine Frau und ein Mann sich in einem Hotel als Ehepaar ausgeben, dann sind sie nach einem Gesetz des Staates ab diesem Moment legal verheiratet.

**In Ashville ist in den Straßen der Stadt das Niesen verboten.**

Ein Restaurant in Greensboro, mit Tischen am Gehweg, muss die Speisekarte so anbringen, dass sie vom Gehweg, aber unter keinen Umständen von der Straße aus lesbar ist.

In Topsail Beach ist es einem Hurricane per Verordnung nicht gestattet, die Stadtgrenzen zu überschreiten.

Von den männlichen Einwohnern der Stadt Macclesfield wurde erwartet, dass sie sich bis zum 15. April 2001 einen Bart wachsen lassen. Wer am 15ten ohne Bart oder zumindest ohne einige Stoppeln im Gesicht angetroffen wurde, musste mit Arrest oder einer Geldstrafe von $25 rechnen.

[Dieses Gesetz wurde erlassen, um Macclesfield's 100ten Geburtstag im angemessenen Rahmen feiern zu können. Es wird allgemein angenommen, dass das Tragen von Bärten zu besonderen Anlässen eine alte Tradition sei.]

In North Carolina ist es Unverheirateten verboten, vor der Ehe Geschlechtsverkehr auszuüben oder gemeinsam in einer Wohnung zu leben.

[Noch 2001 wurde in North Carolina ein Mann aufgrund dieses fast 200 Jahre alten Gesetzes verurteilt. Jerry Ward musste Strafe zahlen, weil er vor Gericht zugab, mit seiner Freundin Bett und Wohnung zu teilen. Vollstreckt wurde das Urteil von einem ledigen Richter, der auch einen Antrag auf Aussetzung der Strafe ablehnte.]

Der Senat des Staates North Carolina verabschiedete 2001 ein Gesetz, welches verbietet, in Gegenwart einer Leiche zu fluchen.

## NORTH DAKOTA

Bier und Brezeln dürfen in einer Bar oder einem Restaurant nicht gleichzeitig serviert werden.

Solange man seine Schuhe anhat, darf man sich nicht hinlegen und einschlafen.

## OHIO

**Im Fahrschulgesetz des Staates steht, dass man immer die Hupe betätigen muss, wenn ein anderes Auto passiert wird.**

Besitzer von Tigern müssen die Behörden innerhalb 1 Stunde informieren, sollte das Tier ausgebrochen sein.

Es ist per Gesetz verboten, ein Fahrzeug in Betrieb zu nehmen, wenn man dabei auf dem Schoss einer anderen Person sitzt.

**Frauen dürfen keine Lackschuhe tragen, da Männer auf ihnen die Reflexion von den Intimregionen sehen könnten.**

Das Anlehnen an ein öffentliches Gebäude steht unter Strafe.

Sämtliche Landkarten, auf denen die Stadt "Lima" nicht verzeichnet ist, dürfen nicht verkauft werden.

Die gesetzliche Höchstgeschwindigkeit für Pferde beträgt 5 mph.

Es ist Frauen verboten, sich zu entkleiden, wenn sie vor einem Gemälde oder Photo eines Mannes stehen.

Ein Polizist darf einen Hund beißen, um diesen ruhig zu stellen.

Es ist verboten, mit Schlangen nach Personen zu werfen.

Auf dem Dach eines Taxis mitzufahren ist gesetzlich verboten.

## OKLAHOMA

Wenn sich auf einem privaten Grundstück mehr als drei Hunde zu einer Gruppe versammeln, brauchen sie dafür eine vom Bürgermeister unterschrieben Erlaubnis.

Frauen dürfen an ihrem eigenen Haar keine Veränderungen vornehmen, es sei denn, sie haben eine Lizenz des Staates.

**Vom Hamburger eines anderen abzubeißen ist untersagt.**

Die Jagd auf Wale ist im ganzen Staat verboten.

Auf dem Rücksitz eines Autos dürfen keine Papiertaschentücher liegen.

Das Tragen von Trikots oder Sport-
kleidung des Baseball Teams "New York
Jets", ist verboten und kann laut Gesetz
mit Gefängnis bestraft werden.

Es ist untersagt, Hunden gegenüber
Grimassen zu schneiden.

In Clinton ist es verboten, ein Fahrzeug zu belästigen.

Laut der Stadtverordnung von Haw-
thahome ist es verboten, eine hypnoti-
sierte Person in einem Schaufenster ab-
zustellen.

Das Öffnen einer Mineralwasserfla-
sche ist in Tulsa ohne das Beisein eines
ausgebildeten Ingenieurs untersagt. Bei
Zuwiderhandlungen sind Schadenser-
satzansprüche ausgeschlossen.

## OREGON

Es ist verboten, die Details einer medizinischen Behandlung zu hinterfragen. Nur was der Arzt oder die Krankenschwester freiwillig auf den Krankenschein schreibt ist erlaubt!

Ein Boxkampf mit einem Känguru ist verboten.

Ein Getränk dürfen sich maximal 2 Personen teilen.

**Es ist ungesetzlich, wenn der Ehemann während des Geschlechtsverkehres flucht oder seiner Frau Obszönitäten ins Ohr flüstert.**

## PENNSYLVANIA

Vor etlichen Jahren wurde in Pennsylvania von der 'Bäuerlichen Anti-Automobil-Gesellschaft' folgendes Regelwerk aufgestellt:

1. Bei einer Nachtfahrt über Landstraßen müssen alle Autofahrer jede Meile anhalten, eine Leuchtrakete abfeuern und 10 Minuten warten, damit die Straße geräumt werden kann.

2. Wenn ein Fahrer eine Gruppe von Pferden sieht, muss er anhalten und sein Fahrzeug mit einer Decke abdecken, die farblich mit der Landschaft harmonisiert.

3. Wenn sich ein Pferd weigert, das Auto zu passieren, muss der Fahrer sein Wagen von der Straße entfernen und in den Büschen verstecken.

**Mehr als 16 Frauen dürfen nicht in einem Haus wohnen, da es sonst als Bordell gelten würde.**

Man darf außerhalb eines Gebäudes nicht auf einem Kühlschrank schlafen.

Laut eines Gesetzes darf kein Mann ohne die schriftliche Genehmigung seiner Frau Alkohol kaufen.

Ein spezielles Reinigungsgesetz des Staates verbietet es Hausfrauen, Dreck und Staub unter den Teppich zu kehren.

In der Badewanne zu singen ist verboten.

Es ist Piloten in Colombia verboten, weiblichen Flugschülerinnen mit einem Staubwedel unterm Kinn zu streicheln, um ihre Aufmerksamkeit zu erregen.

Das Fischfangen mit Hilfe von Dynamit ist verboten.

Aus dem Gesetzestext: ... Eine Stunde vor dem Ausbruch des Feuers müssen alle Wasserhydranten geprüft werden.

In Morrisville braucht eine Frau eine behördliche Genehmigung fürs Schminken.

In York ist es verboten, sich hinzusetzen, wenn man seinen Rasen mit einem Schlauch wässert.

Die Gemeinde Locust in Pennsylvania verbietet es ihren männlichen Einwohnern, in der Öffentlichkeit mit einer 'sichtbaren' Erektion herumzulaufen. Zuwiderhandelnde können mit bis zu 3 Monaten Gefängnis bestraft werden.

## RHODE ISLAND

Eine Heirat wird annulliert, sollte einer der beiden Eheleute ein psychische Krankheit aufweist.

Es ist gesetzlich untersagt, Zahnbürste und Zahnpasta an denselben Kunden zu verkaufen.

## SOUTH CAROLINA

Wird versehentlich jemand getötet, der sich gerade selbst umzubringen wollte, so gilt dies dennoch als Schwerverbrechen.

**Ohne offizielle Erlaubnis darf niemand in Abwasserkanälen schwimmen.**

Wenn jemand seine Frau sonntags auf den Stufen des Gerichtsgebäudes schlägt, ist das nicht ungesetzlich.

Sollte ein Mann einer Frau die Hochzeit versprechen, muss er sie auch heiraten.

Im Umkreis einer halben Meile einer Kirche dürfen nur Früchte verkauft werden.

Die Sonntagsarbeit ist verboten. Ausnahme: der Verkauf von Glühbirnen.

**Um Brandschneisen zur Feuereindämmung zu schlagen, darf die Feuerwehr auch Häuser sprengen.**

## SOUTH DAKOTA

Frauen unter 80 Jahren ist es verboten, jüngere Männer anzusprechen.

Sollten sich mehr als 5 Indianer auf einem Grundstück aufhalten, darf der Eigner sie erschießen.

Nur Pferde, die Schuhe tragen, dürfen das Gasthaus "Fountain Inn" betreten.

Das Einschlafen in einer Käsefabrik ist untersagt.

Im Staat muss jedes Hotelzimmer mit 2 Betten ausgestattet sein. Es ist vorgeschrieben, das zwischen den Betten mind. ein Abstand von 2 Fuß sein muss, wenn ein Paar den Raum nur für eine Nacht mietet. Weiterhin ist es untersagt, auf dem Boden zwischen den Betten Liebe zu machen.

## TENNESSEE

Eine Person darf nicht als Feigling bezeichnet werden, nur weil sie ein Duell verweigert.

Die Stadt Dyersburg hat eine Verordnung, welche es den Frauen unter sagt, einen Mann zwecks Verabredung anzurufen.

Mehr als 5 Schrottfahrzeuge auf einem Privatgrundstück zu lagern ist verboten.

Ein Kuchen darf im Cafè nicht mit anderen geteilt werden. Auch ist es untersagt, Reste des Kuchens mit nach Hause zu nehmen - muss vor Ort gegessen werden.

Bevor jemand im Stadtgebiet von Memphis betteln darf, muss erst eine Erlaubnis für $10 erwerben.

**Frösche dürfen nach 23 Uhr nicht mehr quaken.**

## TEXAS

Ein erst kürzlich in Texas verabschiedetes Gesetz zur Verbrechensbekämpfung verlangt von jedem Kriminellen, sein Opfer mindestens 24 Stunden vor der Tat entweder mündlich oder schriftlich über die Art des geplanten Verbrechens zu unterrichten.

**Wenn sich zwei Züge an einem Bahnübergang begegnen, müssen beide Züge halten und dürfen die Fahrt nicht eher wieder fortsetzen, bis der andere passiert hat.**

[Mit dieser Regelung wollte ein Senator ein Gesetzeswerk ins Lächerliche ziehen und somit seine Verabschiedung verhindern. Aber seine Rechnung ging nicht auf - das Gesetz wurde in dieser Form rechtskräftig]

Der Kauf der Encyclopedia Britannica ist verboten, da ein Bierbraurezept enthalten ist.

Ohne Scheibenwischer fahren ist verboten. Eine Windschutzscheibe ist jedoch nicht vorgeschrieben.

In Borger dürfen folgende Dinge nicht geworfen werden: Konfetti, Gummibälle, Feuerwerkskörper, Staubwedel und Peitschen.

Es ist verboten, in einem öffentlichen Gebäude mit einem Feder-Staubwedel abzustauben.

In Dallas müssen Hunde nachts rote Rücklichter tragen.

In Mesquite ist es Kindern verboten, ungewöhnliche Haarschnitte zu tragen.

Das "Zu Verkaufen" Schild an einem Auto darf von der Strasse aus nicht sichtbar sein.

In San Antonio ist beiden Geschlechtern der Gebrauch von Augen und Händen beim Flirten bzw. das Reagieren auf Flirtversuche untersagt.

Auf den Flughafengelände von Kingsville, Texas ist Schweinen der Geschlechtsverkehr gesetzlich untersagt.

## UTAH

**Ein Ehemann ist für alle Straftaten, die seine Frau in seiner Gegenwart begeht, verantwortlich.**

In einem Krankenwagen im Einsatz darf im hinteren Bereich des Fahrzeugs niemand Sex haben.

Jemand, der keine Milch trinkt, macht sich strafbar.

**In Monroe müssen zwei Tanzende immer so viel Platz zwischen sich lassen, dass das Tageslicht zwischen ihnen sichtbar ist.**

Bestellt man in einer Bar in Salt Lake City alkoholische Getränke, bringt der Barkeeper immer nur einen Drink - bei 4 Drinks kommt er einfach 4-mal.

Für Fußgänger ist das Transportieren einer Violine in einer Papiertüte verboten.

In Trout Creek ist es Apothekern untersagt, Schießpulver als Kopfschmerzmittel zu verkaufen.

## VERMONT

Wenn Frauen falsche Zähne tragen, benötigen sie eine schriftliche Genehmigung ihres Gatten.

Alle Einwohner müssen am Samstag baden.

**Im US-Bundesstaat Vermont ist es strafbar, die Existenz Gottes zu leugnen.**

## VIRGINIA

Kein verheirateter Mann darf an einem Sonntag fliegen.

Eine Frau zu kitzeln ist verboten.

Männer dürfen ihre Ehefrau nicht per Fußtritt aus dem Bett befördern.

Das Bespucken von Seemöwen ist strafbar.

**In Richmond gilt schon der Wurf einer Münze, mit dem ausgelost werden soll, wer eine Barrechnung bezahlt, als strafbares Glücksspiel und ist somit verboten.**

Keiner Person ist es auf dem Flughafengelände Upperville erlaubt, auf einem Stuhl sitzend die Sonntagszeitung zu lesen, während ein Gottesdienst stattfindet.

Einem Gesetz in Norfolk, Virginia zufolge müssen Frauen, welche an einer Tanzveranstaltung teilnehmen wollen, ein Korsett tragen.

Mit einer Geldstrafe in Höhe von 500 Dollar muss man im US-Bundesstaat Virginia rechnen, wenn man falsche Behauptungen über die Keuschheit einer Frau verbreitet.

[Ende 2001 wurde von zwei Abgeordneten des US- Staats Virginia ein Antrag auf Abschaffung des aus den 20er Jahren stammenden Keuschheitsgesetzes gestellt.]

**Man darf nur in der Missionarsstellung und bei ausgeschaltetem Licht Sex haben.**

Kinder über 3 Jahre dürfen in Virginia nicht im Bett ihrer Eltern schlafen. Verstöße gegen dieses Gesetz können mit bis zu 5 Jahren Haft geahndet werden.

Im Januar 2001 trat im Bezirk Fairfax/Virginia mit 20 gegen 19 Stimmen ein Gesetz in Kraft, welches Hausbewohnern verbietet, in anderen Räumen außer dem Schlafzimmer zu schlafen.

Im US-Bundesstaat Virginia darf zur Kasse gebeten werden, wer sich mit zu tief sitzenden Hosen in der Öffentlichkeit sehen lässt. Insgesamt 60 Abgeordnete sprachen sich für eine Strafe von 50 Dollar für jeden aus, der 'in unzüchtiger oder unanständiger Weise' seine Unterwäsche durch eng anliegende Hüfthosen oder 'Baggy Pants' zur Schau stellt.

## WAHINGTON

Ein Gesetz zur Verbrechensbekämpfung besagt, dass jeder motorisierte Krimineller mit unlauteren Absichten von der Stadtgrenze aus den Polizeichef anrufen muss, um sein Erscheinen anzukündigen.

So zu tun, als ob die eigenen Eltern reich sind, ist verboten.

In Bremerton ist das Öffnen von Erdnüssen auf der Straße verboten.

Einer Frau drohen bis zu 6 Monate Haft, wenn sie in einem Zug oder Bus auf dem Schoss eines Mannes sitzt, ohne zuvor ein Kissen zwischen sich und dem Mann geschoben zu haben.

In Auburn, Washington ist es grundsätzlich verboten, mit einer Jungfrau Sex zu haben. (Hoffen wir für den Staat, dass ausschließlich das Sternzeichen gemeint ist!)

**In Wilbur ist es verboten, auf einem hässlichen Pferd zu reiten.**

**WEST VIRGINIA**

**Ärzte und Zahnärzte dürfen Frauen nur betäuben, wenn eine dritte Person anwesend ist.**

In West Virginia ist es verboten, in einem Zug ein Schläfchen zu halten.

Wer im Theater einen Hut trägt, kann bestraft werden.

Kinder, welche aus dem Mund nach Zwiebeln riechen, dürfen in West Virginia die Schule nicht besuchen.

In Nicholas County ist es Pfarrern gesetzlich untersagt, von der Kanzel aus Witze zu erzählen.

Feuerwehrmännern in Huntington, West Virginia ist es gesetzlich untersagt, an der Wache Frauen nachzupfeifen.

**WISCONSIN**

Das Gesetz verbietet in Restaurants den Verkauf von Apfelkuchen ohne Käse.

In Gefängnissen darf kein Butter-Ersatz serviert werden.

Männer dürfen ihr Gewehr nicht abfeuern, während ihre Partnerin einen Orgasmus hat.

"Dame" darf nicht in der Öffentlichkeit gespielt werden.

Es ist strafbar, einen schlafenden Feuerwehrmann aufzuwecken.

Einer Frau ist es verboten, irgendetwas Rotes zu tragen.

In Racine dürfen sich Frauen nachts nur auf der Straße aufhalten, wenn sie von einem Mann begleitet werden.

**Kondome dürfen nur unterhalb der Ladentheke verkauft werden, da sie als 'obszön' gelten.**

## WYOMING

Frauen, die in einer Bar etwas trinken, dürfen nicht weiter als 5 Feet von der Theke entfernt stehen.

Im Juni dürfen keine Hasen fotografiert werden.

Es ist den Bürgern von Cheyenne verboten, an einem Mittwoch zu duschen.

Eine Verordnung der Stadt Newcastle verbietet es Paaren, in einem Kühlhaus Liebe zu machen.

# US - URTEILE

## "Der Stella-Preis ..."

1994 sprach ein Gericht des Staates New Mexico der 81jährigen Stella Liebeck 2.9 Mio. Dollar zu, weil sie sich Verbrennungen 3. Grades an Beinen, Geschlechtsteilen und Hinterbacken zugezogen hatte, nachdem sie eine Tasse Kaffee von McDonalds über sich verschüttet hatte.

Obwohl das Urteil im Berufungsverfahren abgeändert wurde, da die von der Jury festgelegte Schadensersatzsumme (incl. Strafzahlung) selbst vom Gericht als übertrieben angesehen wurde, löste dieser Fall einen jährlichen "Preis Stella" aus, welcher die absurdesten Gerichtsurteile an US- Gerichten auszeichnet.

## "Der 9mm Taser ..."

Marcy Noriega, Polizeibeamtin aus Madera, setzte einen Verdächtigen wegen einer Lappalie mit Handschellen gefesselt auf den Rücksitz ihres Einsatzwagens. Als dieser begann, gegen die Autoscheiben zu schlagen, wollte Noriega ihn mit ihrem Taser bändigen. Unglaublicher Weise nahm sie aber nicht ihren Taser aus dem Gürtel, sondern zog ihre Dienstwaffe aus dem Halfter und schoss dem Mann in die Brust - worauf er sofort tot war.

Nun sagt die Stadt Madera aber, die Tötung sei nicht der Fehler der Polizeibeamtin und argumentiert "dass jeder vernünftige Polizist versehentlich die Dienstwaffe statt des Tasers ziehen könnte". Deshalb verklagte die Stadt den Hersteller des Tasers "Taser International" mit dem Ziel, dieser solle für jede Forderung aus dem Rechtsstreit geradestehen, den die Familie des Getöteten angestrengt hatte.

**"Der Hundesitter ..."**

Baker sagt, Gott hätte ihn zu einem streunenden Hund "geführt". Er gibt zu, dass "die Leute glaubten, er sei verrückt", als er 4000 Dollar für den Tierarzt ausgab, um den verletzten Hund wieder gesund zu pflegen - aber, es war Gottes Hund! Dabei waren die 4000 Dollar gar nichts: Er konnte nicht einmal seine Freundin zum Abendessen ausführen, ohne einen Hundesitter für ihn zu engagieren.

Als das ungestüme Tier dem Hundesitter entwischte, schaltete Baker nicht nur eine einfache Zeitungsanzeige, sonders buchte die teure Variante - mit Foto. Sein Geschäft machte Pleite, weil er seine ganze Zeit in die Suche nach dem Hund investierte.

Er konnte seiner Freundin keinen Heiratsantrag machen, weil er wollte, dass der Hund ihr den Verlobungsring überreicht. Er heuerte vier Tierpsychologen an, damit sie ihm Hinweise zum Verbleib des

Vierbeiners geben und engagierte eine Hexe für hilfreiche Zaubersprüche. Er verteilte sogar seinen eigenen Urin, um "sein Territorium zu markieren" und den Hund so Heim zu locken. Und, so sagte er, er weinte jeden Tag. Nach zweimonatiger Suche ging er dorthin, wo der Hund entlaufen war - und fand ihn. Seine erste Tat: Er legte dem Hund ein Halsband um - was er vorher nicht gemacht hatte, obwohl er doch so wertvoll war.

Danach verklagte er den Hundesitter und forderte die Erstattung folgender Kosten: 20.000 Dollar für die Suche; 30.000 Dollar Verdienstausfall, weil sein Geschäft Pleite ging; 10.000 Dollar für den "vorübergehenden Verlust des speziellen Wertes" des Hundes an sich und 100.000 Dollar für "emotionale Schäden". Insgesamt also 160.000 Dollar.

## "63 Tage eingelagert ..."

Nachdem Wanda Hudson ihr Heim wegen einer Zwangsvollstreckung verloren hatte, brachte sie ihre Habseligkeiten in einem Lager unter. Sie gab an, eines Abends in ihrem Lagerabteil gewesen zu sein "um nach einigen Papieren zu suchen", als der Geschäftsführer die Tür ihres Abteils offen fand - und sie abschloss. Hudson streitet ab, dass sie im Inneren geschlafen hätte, aber unbegreiflicherweise rief sie weder um Hilfe noch klopfte sie an die Tür, um befreit zu werden.

Sie wurde erst nach 63 Tagen gefunden und überlebte nur knapp. Die früher mollige 150-Pfund-Frau ernährte sich von Lebensmitteln, die sie zufällig in ihrem Abteil hatte und wog knapp 83 Pfund, als sie gefunden wurde. Sie verklagte die Einlagerungsfirma auf zehn Millionen Dollar - wegen Fahrlässigkeit. Obwohl die Geschworenen-Jury nicht berücksichtigen durfte, dass bei Hudson zuvor psychische Probleme diagnostiziert wurden, befand sie Hudson zu fast 100 Prozent schuldig an ihrer schlimmen Lage - gewährte ihr aber doch eine Entschädigung von 100.000 Dollar.

**"Der pädophile Priester ..."**

H. war einer der ersten katholischen Priester, die im Rahmen des gewaltigen Missbrauchsskandals an Kindern in den USA erwischt wurden. In einem Rechtsstreit bezahlte er 1990 einem seiner Opfer 65.000 Dollar. In der getroffenen Abmachung willigte H. ein, nicht mehr mit Kindern zu arbeiten. Das Opfer aber fand heraus, dass H. diesen Teil der Abmachung ignorierte. Das Opfer wandte sich darauf an die Kirche und bat sie, H. davon abzuhalten, mit Kindern zu arbeiten - aber die Kirche wollte nicht eingreifen. "Es ist Sache der Kirche zu entscheiden, wo er tätig ist", argumentierte der Anwalt des Priesters.

Als sich darauf das schockierte Opfer an die Presse wandte um die Öffentlichkeit vor dem pädophilen Priester in der Nähe ihrer Kinder zu warnen, verklagte H. das Opfer auf besagte 65.000 Dollar. Der Grund: Das Opfer habe jetzt seinerseits die Abmachung gebrochen - nämlich über diese Abmachung Stillschweigen zu bewahren.

## "Verzockt ..."

Nachdem B. an der Börse mehr als eine Million Dollar gemacht hatte, musste er alles zurückzahlen: Die Finanzbehörde warf ihm vor, seine Gewinne durch Betrug erreicht zu haben.

B. spielte vorher an der Schule Baseball, aber nach seinem Betrugsverfahren durfte er nicht länger an der außerschulischen Veranstaltung teilnehmen. B. lernte offenbar eine Menge während seiner Zeit vor Gericht. Er brachte eine Klage gegen seine Schule ein.

Die Begründung: Er hätte eine Karriere als Profispieler geplant, aber durch den Rauswurf aus dem Schulteam könnten ihn nun keine Talent-Scouts mehr entdecken. In seiner Klage forderte er von der Schule eine Wiedergutmachung für die entgangenen Gehälter, die er in der Spitzenliga erhalten hätte - er forderte 50 Millionen Dollar.

## "Die Fett-Falle ..."

Der 1,78 Meter große und 135 Kilo schwere B. behauptete, er sei fettleibig und zuckerkrank. Außerdem würde er an einer Herzkrankheit leiden, weil ihn Fastfood-Restaurants gezwungen hätten, dort vier bis fünf fette Mahlzeiten pro Woche zu verzehren. Er verklagte McDonald's, Burger King, Wendy's und KFC (Kentucky Fried Chicken) auf nicht näher ausgeführten Schadenersatz, weil sie ihn nicht davor gewarnt hätten, dass ihr Essen schlecht für ihn sei, und weil sie "enorm profitiert" hätten.

Der Richter wies den Fall zwei Mal ab und untersagte, ihn ein drittes Mal einzureichen.

### "Der Blitzschlag ..."

P. wurde auf dem Parkplatz des Paramount King Island Vergnügungsparks in Mason, Ohio, vom Blitz getroffen. Der Anwalt von P. klagte daraufhin gegen den Betreiber des Vergnügungsparks. "Höhere Gewalt wäre natürlich die spontane Reaktion der meisten Leute auf so einen Vorfall". Der Anwalt allerdings sieht das anders: „Die Betreiber hätten davor warnen müssen, sich während eines Gewitters im Freien aufzuhalten."

### "Kinder im Supermarkt ..."

Ein Volksgericht in Texas spricht Kathleen Robertson 780'000 Dollar zu, weil sie sich einen Knöchel verstaucht hatte, als sie im Supermarkt während ihres Einkaufes über ein kleines Kind stolperte, welches in den Gängen eines Supermarktes herumrannte. Die Eigentümer des Supermarktes staunten nicht schlecht über den Gerichtsentscheid: „Der

Supermarktbetreiber stehe in der Verantwortung dafür Sorge zu tragen, dass sich in den Gängen keinerlei Hindernisse befinden, über welche die Kunden stolpern können. Hierzu zählen auch spielende Kinder." Völlig außer acht ließen die Richter hierbei, dass es sich um das eigene Kind von Frau Robertson handelte.

## "Der Raddeckelklau ..."

Carl Truman, erhielt 74'000 Dollar zuzüglich Arztkosten zugesprochen, weil ihm sein Nachbar mit seinem Honda Accord über die Hand gefahren war. Der Nachbar hätte sich vor der Abfahrt davon überzeugen müssen, dass sich keine Personen um das Fahrzeug herum aufhalten, die er unter Umständen gefährden könnte. Hierzu zählt auch Mr. Truman, der gerade im Begriff war, seinem Nachbarn die Raddeckel zu stehelen.

## "Der fast verhungerte Dieb ..."

Terrence Dickson, Pennsyvania, wollte das Haus, in welches er soeben eingebrochen war, durch die Garage verlassen. Bedingt durch eine Störung des Öffnungsmechanismus am Garagentor war er nicht in der Lage, dieses zu öffnen. Er konnte aber auch nicht ins Haus zurück, da die Türe automatisch ins Schloss gefallen war und ohne Schlüssel nicht mehr geöffnet werden konnte. Die Bewohner des Hauses weilten in den Ferien. Mr. Dickinson überlebte die 8 Tage Aufenthalt in der Garage nur, weil er einen Karton Pepsi und Trockennahrung für Hunde in der Garage zur Verfügung hatte. Er verklagte die Eigentümer des Hauses und erhielt eine halbe Million Dollar zugesprochen...!

**"Der Hundebiss ..."**

Jerry Williams, Akansas, verdiente 14'500 Dollar zuzüglich Arztkosten, nachdem er vom Hund des Nachbarn gebissen worden war. Der Hund war innerhalb der eingezäunten benachbarten Liegenschaft angekettet. Die Summe fiel nicht so hoch aus wie erhofft, weil das Gericht anerkannte, dass der Hund vielleicht ein klein wenig provoziert war durch die Tatsache, dass Mr. Williams mit einem Schrotgewehr auf ihn schoss.

**"Vorsicht rutschig ..."**

Ein Restaurant in Philadelphia wurde dazu verurteilt, Amber Carson 113'000 Dollar auszuzahlen, nachdem sie sich das Steißbein gebrochen hatte, weil sie auf verschüttetem Sodawasser ausgerutscht war. Das Amber Carson selbst das Sodawasser verschüttete, als sie es wenige Sekunden zuvor ihrem Freund in das Gesicht gegossen hatte, blieb durch das Gericht unberücksichtigt.

## "Der Fenstersturz ..."

Kara Walton, Delaware, gewann ihren Prozess gegen ein Nachtlokal einer Nachbarstadt, nachdem sie sich zwei Zähne ausgeschlagen hatte, als sie aus dem Fenster der Toilette auf den Boden stürzte. Dies geschah, weil sie sich um die Bezahlung ihrer Zeche in der Höhe von 3.50 Dollar drücken wollte. Das Gericht sprach ihr 12'000 Dollar plus die Zahnarztkosten zu.

## "Das Wohnmobil ..."

Merv Grazinski aus Oklahoma City erfüllte sich seinen Traum. Im November 2000 kaufte Mr. Grazinski ein brandneuer Motor Home der Marke Winnebago von 10 m Länge. Auf dem Heimweg kam es dann zu einem Folgenschweren Unfall.

Bei ca. 110 Km/h kam das Fahrzeug aus völlig geklärten Gründen von der Fahrbahn ab. Die Freude über seine neue Errungenschaft muss derart groß gewesen sein, dass in seinem Gehirn keine Ressourcen mehr für den normalen Menschenverstand zur Verfügung standen. Merv Grazinski verließ seinen Fahrersitz um sich im hinteren Teil des Wohnmobils einen Kaffe zuzubereiten. Mr. Grazinski verklagte Winnebago, da die Firma im Manual des Fahrzeuges nicht ausdrücklich darauf verwiesen hatte, man dürfe während der Fahrt das Steuer nicht verlassen, um sich einen Kaffee zuzubereiten. Er erhielt 1.75

Mio. Dollars zugesprochen zuzüglich ein neues Motor Home.

(Winnebago brachte in der Folge eine solche Ergänzung in ihrem Manual an, für den Fall, dass weitere Idioten ihre Fahrzeuge erwerben sollten...)

## "Die Zigarrenkiste ..."

In Charlotte (North Carolina) kaufte ein Rechtsanwalt eine Kiste mit 24 sehr seltenen und sehr teuren Zigarren und versicherte die dann, u.a. gegen einen Feuerschaden. Über die nächsten Monate rauchte er die Zigarren vollständig auf und forderte von der Versicherung den ihm entstandenen Brandschaden ein.

In seinem Anspruchsschreiben führte der Anwalt aus, dass die Zigarren "durch eine Serie kleiner Feuerschäden" vernichtet worden seien. Die Versicherung verweigerte die Schadensregulierung mit der Begründung, die Zigarren wären bestimmungsgemäß verbraucht worden. Der Rechtsanwalt klagte vor Gericht... und gewann!

Das Gericht stimmte mit der Versicherung überein, dass der Anspruch unverschämt sei, doch ergab sich aus der Versicherungspolice eindeutig, dass die Zigarren gegen jede Art von Feuer versichert seien und Haftungsausschlüsse nicht bestünden. Folglich müsse die Versicherung zahlen, schließlich hätte sie diesen Vertrag selbst unterschrieben.

Statt ein langes und teures Berufungsverfahren anzustrengen, akzeptierte die Versicherung das Urteil sofort und bezahlte 15.000 $ an den Rechtsanwalt, der seine Zigarren in "zahlreichen Feuerschäden" verloren hatte.

Nachdem der Anwalt den Scheck der Versicherung eingelöst hatte, wurde er auf Antrag der Versicherung wegen des Verdachts auf "24 Fällen von Brandstiftung" verhaftet. Unter Hinweis auf seine zivilrechtliche Klage und seine eigenen Angaben vor Gericht wurde er wegen vorsätzlicher Inbrandsetzung seines versicherten Eigentums zu einer Freiheitsstrafe von 24 Monaten (ohne Bewährung) und einer Geldstrafe von 24.000 $ verurteilt!

## "Light Zigaretten ..."

Das Produkthaftungsrecht in den USA ist unglaublich: Da er die Verbraucher mit der Bezeichnung "Light" über die Schädlichkeit von Zigaretten getäuscht habe, musste ein US Tabak- Konzern eine Kaution von sechs Milliarden US-Dollar hinterlegen, um überhaupt die Chance zu erhalten, in Berufung gehen zu können. Der Richter hatte zunächst 12 Milliarden verlangt.

## "Die Ohrfeige..."

In Texas musste ein Mann, der seiner Frau im Streit eine Ohrfeige verpasst hatte, zum Yogakurs. Begründung: Dort lerne er Beherrschung.

# Kurioses
# aus dem Rest
# der Welt

## NORWEGEN

An Wahltagen darf in Norwegen kein Alkohol getrunken werden.

## DÄNEMARK

*Wer in* Dänemark *versucht aus dem Gefängnis auszubrechen, erhält hierfür eine zusätzlich Haftstrafe. Wem der Ausbruch erfolgreich gelungen ist, aber wieder gestellt wurde, der Sitzt lediglich seine ursprüngliche Haftstrafe ab.*

## ITALIEN

In Siena ist es allen Frauen mit dem Vornamen 'Maria' verboten, als Prostituierte zu arbeiten.

In Italien ist es gesetzlich verboten, Kühe zu überfahren.

Bis 1999 musste man in Italien seinen Führerschein jährlich verlängern lassen.

## GROSSBRITANIEN

Auf der kleinen britischen Kanalinsel Sark östlich von Guernsey ist es verboten, Grundbesitz an Töchter zu vererben. Nur Söhne sind erbberechtigt.

[Dieses Gesetz wurde 1999 von der Regierung der von 600 Menschen bewohnten Insel aufgehoben, um einer Klage vor dem Europäischen Gerichtshof zuvorzukommen. Das Verbot der Ehescheidung und die Verbannung von Autos blieben jedoch weiterhin bestehen.]

Auf der britischen Kanalinsel Sark ist eine Ehescheidung nur möglich, wenn einer der Ehepartner die Insel für ein Jahr verlässt.

Auf der britischen Kanalinsel Sark ist es Ehemännern durch die Verfassung erlaubt, ihre Ehefrauen mit einem Stock zu schlagen.

In London ist es gegen das Gesetz, Ehefrauen nach 21 Uhr zu schlagen.

[Dieses Gesetz sollte dazu beitragen, die hohe Zahl der nächtlichen Ruhestörungen in London zu verringern.]

Frauen in Großbritannien ist es verboten, in öffentlichen Verkehrsmitteln Schokolade zu essen.

Im britischen Liverpool ist es verboten, eine weibliche Schaufensterpuppe im Schaufenster zu be- bzw. entkleiden, da Kinder Zeugen dieses Schauspiels werden könnten.

In Liverpool ist es Kindern untersagt, unter die Kleidung einer Schaufensterpuppe zu schauen. Tun sie es trotzdem, können ihre Eltern dafür bestraft werden.

Jeder Londoner Taxifahrer ist per Gesetz dazu verpflichtet, im Heck seines Fahrzeuges einen Heuballen aufzubewahren.

[Als dieses Gesetz verabschiedet wurde, wurden die Londoner Droschken noch von Pferden gezogen. Bis heute wurde es noch nicht zurückgenommen.]

Britischen Abgeordneten ist es per Gesetz verboten, im Unterhaus (dem britischen Parlament) zu sterben.

In England ist es erlaubt betrunken Rad zu fahren. Reiten dagegen ist unter Alkoholeinfluss strengstens verboten.

## GRIECHENLAND

Rauchen in einem Auto, in dem sich ein Kind unter 12 Jahren befindet kostet ein Bußgeld von 1.500 €. (Vorbildlich!)

## SCHWEDEN

Wegen der Verbreitung eines einzigen Films über eine Filesharing-Börse ist ein 28- jähriger Mann in Schweden zu einer Schadenersatzzahlung von umgerechnet knapp 481.000 Euro verurteilt worden. Einer Mitteilung der schwedischen Piratenjäger Rights Alliance zufolge handelt es sich um die bislang höchste derartige Summe für einen Film in Schweden. Besonders skurril: Ein Teil der Strafe wurde durch die besonders schlechte Qualität der Raubkopie begründet.

## SCHWEIZ

Wer in einem Appartement lebt, darf ab 22:00 Uhr die Toilettenspülung nicht mehr betätigen

## FRANKREICH

In Frankreich ist das Küssen auf Bahnübergängen verboten.

2000 hat die Stadt Le Lavandou aufgrund überfüllter Friedhöfe angeordnet, dass das Sterben nur den Bürgern der

Stadt erlaubt ist, welche bereits über einen reservierten Ruheplatz verfügen.

## TÜRKEI

In der Türkei ist es den Frauen gesetzlich verboten, Hosen am Arbeitsplatz zu tragen.

## KANADA

Wenn die Vorhänge nicht zugezogen oder die Rollladen nicht heruntergelassen sind, darf sich in Winnipeg niemand nackt in seinem eigenen Haus bewegen.

**Ein kanadisches Gesetz legt fest, dass zwei verschiedene Schiffe auf einem Gewässer nicht zur selben Zeit dieselbe Position haben können.**

## SÜDKOREA

Es ist nicht erlaubt seine Eltern oder Großeltern sowie seine Schwiegereltern zu verklagen. Diese dürfen jedoch ihre Kinder, Enkel oder Schwiegersöhne und - töchter verklagen.

## INDONESIEN

In Indonesien müssen sich Frauen, die in die Armee eintreten wollen, sich einem Jungfräulichkeitstest unterziehen.

## EU – RICHTLINIEN

„In einem Brot dürfen sich max. 1 Gramm Salz auf 100 Gramm enthaltenem Mehl befinden…"

„Die Krümmung von Obst und Gemüse (z.B. Gurken) darf max. 1 cm auf 10 cm Länge betragen."

„Die elektronische Leitfähigkeit von Bienenhonig darf max. 0,8 MikroSimens pro Zentimeter betragen."

Die EU – Schnullerkettenverordnung regelt auf 52 Seiten in 8 Kapitel und 40 Unterkapitel die Beschaffenheit von Schnullerketten.

Alle Deutschen Bundesländer sind verpflichtet ein Seilbahngesetz zu erlassen. Auch dann, wenn in den Bundesländer keine Seilbahnen in Betrieb sind.

In einem Kondom müssen 5 Liter Flüssigkeit Platz finden, ohne dass dieses beschädigt wird.